Q

누구의
인생을
살고
있는가

누구의 인생을 살고 있는가

마쓰다 미히로 지음 — 민경욱 옮김

운명을
바꾸는
현인들의
인생 질문

드림셀러

현인은 자신에게
끊임없이 질문하고 답하며
위업을 달성했다!

저는 질문가로 활동을 시작한 후 줄곧 세상에 존재하는 질문에 관심을 가지고 연구해 왔습니다. 그 과정에서 운명을 바꿀 만한 질문과 여러 차례 만났습니다.

한편 질문의 형태가 아니라 명언으로 남은 말도 수없이 존재합니다. 명언이란 다른 사람의 인생을 크게 바꿔주는 힘을 지닌 마법의 언어입니다.

저는 현인(賢人)의 명언을 읽을 때마다 그 안에 숨은 질문을 상상합니다.

질문과 대답은 한 쌍이며, 명언은 대답에 해당합니다.

소크라테스는 "살기 위해서 먹어야 하고, 먹기 위해서 살아서는 안 된다"라는 명언을 남겼는데, 이는 "먹기 위해서만이 아니라 살기 위해 무엇을 해야 하는가?"라는 질문에서 비롯된 것입니다.

명언의 이면에는 그 명언을 낳은 질문이 존재합니다.

이 책은 명언을 낳은 질문을 상상하며 썼습니다.

명언을 낳은 질문은 사고방식과 행동을 변화시킵니다.

만약 당신이 무언가를 이루고 싶다면, 이 질문들에 대답하며 사고방식과 행동의 힌트를 찾아간다면 인생을 극적으로 바꿀 수 있을 겁니다.

당신의 운명을 바꿀 질문이 틀림없이 이 책 속에 있을 겁니다.

이 책을 엮는 데 인용하거나 참조한 참고 문헌이 너무 방대해 일일이 열거함을 생략했음을 미리 알립니다.

삶의 방식에 관한 질문

장 폴 사르트르, 스티브 잡스, 소크라테스,
오드리 헵번, 로버트 앤소니, 알베르트 아인슈타인,
생텍쥐페리, 윈스턴 처칠, 파블로 피카소, 찰리 채플린

Q 01
장 폴 사르트르의 질문

그 선택은
누가 한 것인가?

❝ 인간은 자유이며
항상 스스로 선택하고 행동해야 한다.
인간은 상황에 따라 만들어진다. ❞

장 폴 사르트르 · 철학자

이것은 '그 선택을 한 건 바로 자신이다'라는 점을 강조하는 질문입니다.

저도 혼자 선택을 내릴 때마다 '이거 힘드네', '큰일이네'라고 느끼는데 그럴 때는 내 자신에게 이 질문을 던집니다.

지금 내 상황이 불만이라면 이 질문을 떠올려 보세요. 선택한 사람은 다름 아닌 자신임을, 따라서 자신이 무엇을 선택하고 어떻게 행동할지는 애당초 내 자유임을 다시 확인해 보세요.

'내가 선택한 것이라면 절대로 후회하지 않는다'라는 각오가 내 삶의 방식을 결정한답니다.

- 당신이 최근 가장 후회한 일은 무엇이었나요?

- 왜 후회하는 선택을 하고 말았을까요?

- 후회 없이 선택하려면 어디에 의식을 집중해야 할까요?

02
스티브 잡스의 질문

누구의 인생을
살고 있는가?

" 당신의 인생은 한정되어 있다.
그러므로 타인의 인생을 살며
낭비해서는 안 된다. **"**

스티브 잡스 · 애플 창업자

매사를 결정할 때 당신은 다른 사람이 원하는 일을 우선시하거나 다른 사람의 의견에 타협해 버리지는 않나요?

하지만 그렇게 하면 자신이 정말 하고 싶은 일을 할 수 없게 됩니다.

'누구의 인생을 살고 있는가?'라는 질문의 대답은 분명 한 가지입니다.

조언해주는 사람의 이야기에 귀를 기울일 필요는 있습니다. 그러나 그다음에 스스로 결단해야 자신의 인생을 사는 거랍니다.

오늘 하루를 돌아보며 스스로에게 '누구의 인생을 살았나?'라고 질문해 보세요. 어쩌면 다른 사람이 원하는 인생을 살았을지도 모릅니다.

날마다 이 질문을 자신에게 던지면서 자신의 인생을 사는 선택을 해보세요.

• 내 마음의 소리를 듣고 있나요?

• 누구의 영향을 받고 있나요?

• 내 인생을 살기 위해 명심해야 할 건 무엇일까요?

03
소크라테스의 질문

먹기 위해서가 아니라
살기 위해서
무엇을 하려 하는가?

" 살기 위해서 먹어야 한다.
먹기 위해서 살아서는 안 된다. "

소크라테스 · 철학자

뭔가 시작하고 싶을 때 대부분은 '이걸로 생활비를 벌 수 있을까?', '이 일로 먹고살 수 있을까?'라는 데 초점을 둡니다.

하지만 이런 식으로 생각하면 먹는 게 목적이 되어 먹기 위해 살게 됩니다.

그러면 이상하게도 먹기 위한 돈만 벌게 됩니다.

목적이 바뀌면 결과도 바뀌기 때문입니다.

그러나 사람은 먹기 위해 사는 게 아니라 살기 위해 먹습니다.

'살기 위해 무엇을 할 것인가?'라는 점을 열심히 생각해서 어떻게 살고 싶은지 자기만의 대답을 명확하게 한 뒤 매사를 시작하는 게 좋겠죠.

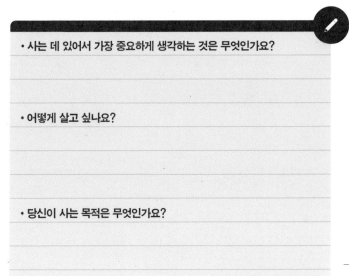

• 사는 데 있어서 가장 중요하게 생각하는 것은 무엇인가요?

• 어떻게 살고 싶나요?

• 당신이 사는 목적은 무엇인가요?

04
오드리 헵번의 질문

아름다움을
유지하려면?

아름다운 눈동자를 갖고 싶다면,
다른 사람의 장점을 찾으세요.
아름다운 입술을 갖고 싶다면,
아름다운 말만 하세요.

오드리 헵번 · 배우

아름다움에 초점을 맞추면 말할 때도 들을 때도 좋은 점만 보이게 됩니다. 반대로 다른 사람의 단점만 보고 단점만 말하면 마음뿐만 아니라 외모도 추해질 겁니다. 이런 관점은 아주 중요한 부분이라고 저는 생각합니다.

말에는 에너지가 있기 때문입니다.

사람은 나쁜 말을 할 때 몸에 힘이 제대로 들어가지 않게 됩니다. 마찬가지로 비즈니스에서도 다른 사람 탓으로 실패를 돌리거나 누군가를 불행하게 하면서, 자기 돈 버는 일만 할 수 없습니다.

최대한 다른 사람의 장점을 찾고 의식적으로 아름다운 말을 쓰면 내 사고방식과 인간관계도 아름다워져 비즈니스에서도 좋은 결과가 나올 겁니다.

- 내 주위의 아름다운 것은 무엇인가요?

- 어떤 말을 사용하고 싶나요?

- 주위 사람의 장점은 무엇인가요?

05
로버트 앤소니의 질문

당신의 변명은
무엇인가?

> **"** 승자는 어떤 문제에서도 해결책을 발견하고,
> 패자는 어떤 해결책에서도 문제를 발견한다. **"**

로버트 앤소니 · 심리학자

모든 게 잘 풀리는 사람은 어떤 문제가 일어나도 그것을 극복할 답을 찾아내는 힘을 지니고 있습니다.

반대로 모든 게 잘 안 풀리는 사람은, 가령 답을 알고 있더라도 '하지만', '그래서'와 같은 변명을 늘어 놓습니다.

사람이 변명을 좋아하는 이유는 변명하면 아무것도 안 해도 되기 때문입니다.

모든 게 잘 풀리는 사람은 자기가 하고 싶은 일을 하며 살지만, 그렇지 않은 사람은 변명하고 타협하면서 살아갑니다.

이번에는 뭔가를 극복해야 할 때 자신이 하는 변명을 한 번 떠올려 보세요.

이 변명에 대한 대책을 생각하다 보면 변명을 이겨내는 사고 방식을 익힐 수 있답니다.

- 어떨 때 변명하고 마나요?

- 이미 해버린 변명을 해결하기 위해 무엇을 할 수 있나요?

- 변명하지 않으려면 무엇을 해야 할까요?

06
알베르트 아인슈타인의 질문

오늘은
어떤 질문을 할까?

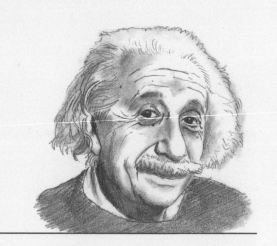

" 핵심은 질문을 멈추지 않는 것이다.
호기심이야말로 우리의 존재 이유다. **"**

알베르트 아인슈타인 · 물리학자

아인슈타인은 "핵심은 질문을 멈추지 않는 것"이라고 말했습니다.

그것은 인생에서 '무엇에 흥미를 느끼는가?'라는 것을 항상 스스로 되묻는 게 중요하다는 말 아닐까요?

그 질문에 계속 대답하다 보면 자신의 존재를 인정하게 됩니다.

무엇에 흥미를 느끼고 대면해 어떤 인생을 살 것인가?

이 질문을 통해 이제까지 무의식적으로 지내던 시간을 더 의식적이고 유의미하게 지낼 수 있게 됩니다.

그리고 상대에게 질문할 때는 우선 상대에게 관심을 품고 상대를 잘 알 필요가 있습니다.

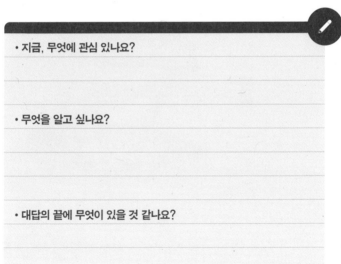

• 지금, 무엇에 관심 있나요?

• 무엇을 알고 싶나요?

• 대답의 끝에 무엇이 있을 것 같나요?

가장 소중히 여기고 싶은
사람은 누구인가?

❝ 이 세상에는 많은 꽃이 있지만,
내가 가장 소중히 여기는 꽃이 있기 마련이다. ❞

생텍쥐페리 · 작가 · 조종사

사람이 지닌 에너지나 시간에는 한계가 있어서 모든 사람을 소중히 여기려고 하면 오히려 누구도 소중히 대할 수 없답니다.

그러므로 만약 소중히 여기고 싶은 단 한 사람을 찾았다면 그 사람을 진심으로 소중하게 대하세요.

소중하게 대한다는 것은 애정과 시간, 돈 등의 에너지를 쏟는 행위입니다.

사람이 왜 누군가를 소중히 여기냐면 그 사람의 존재가 있음으로써 행복을 느낄 수 있기 때문입니다.

가장 소중히 여기고 싶은 한 사람을 찾아내 소중히 여기는 것. 그것은 지구상의 모든 사람을 행복하게 해주려는 노력보다 더 큰 가치를 창조해냅니다.

• 가장 소중히 여기고 싶은 것은 무엇인가요?

• 가장 소중히 여기고 싶은 사람은 누구인가요?

• 어떻게 소중히 대하고 싶나요?

08
윈스턴 처칠의 질문

절대 잃어선 안 되는 것은
무엇인가?

" 돈을 잃는 일은 사소하나
명예를 잃는 일은 중대하다.
그러나 용기를 잃으면 모든 것을 잃는 것이다. **"**

윈스턴 처칠 · 제61대, 제63대 영국 총리

"당신이 잃고 싶지 않은 게 있다면 뭔가요?"라는 질문을 받으면 '돈'이나 '명예'라고 대답할 사람이 있을지도 모르겠네요.

그러나 "그것 중에서 가장 잃고 싶지 않은 게 뭔가요?"라는 질문을 받으면 틀림없이 대답이 바뀔 겁니다.

그 대답은 사람마다 다르겠죠. 윈스턴 처칠은 가장 잃고 싶지 않은 것은 용기이고, "용기를 잃으면 모든 걸 잃는 것이다"라고 말했습니다.

제 대답은 미래를 믿는 마음입니다. 지금 상황이 어떻든 미래는 이제부터 만들어 가는 것임을 알게 된다면 어떤 곤경도 극복할 수 있기 때문입니다.

돈이나 지위를 잃어도 어떻게든 됩니다. 하지만 내 안의 소중한 것은 결코 잃어서는 안 됩니다.

- 돈을 잃으면, 당신에게는 무엇이 남나요?

- 지위를 잃으면, 당신에게는 무엇이 남나요?

- 용기를 잃으면, 당신에게는 무엇이 남나요?

09
파블로 피카소의 질문

지금의 고통은
무엇인가?

" 예술은 슬픔과 고통에서 탄생한다. "
파블로 피카소 · 화가

슬픔이나 고통은 언뜻 보면 부정적인 감정입니다. 그러니 '웬만하면 맛보고 싶지 않아'라고 생각하는 건 인지상정이지요.

그러나 이제까지의 인생을 돌이켜 봐도 "그 슬픔을 극복했기에 지금의 내가 있지", "그 고통이 있었기에 지금 같은 좋은 상황에 오게 되었어"라고 말할 수 있지 않을까요?

피카소 역시 자기 예술은 슬픔과 고통을 극복하고 나서야 탄생되었음을 깨달았습니다.

슬픔과 고통을 맛본다는 것은 무조건 나쁜 일이 아닙니다.

만약 그런 감정을 느꼈다면 그것을 맛볼 각오를 다지고 이 질문에 대답하면서 '앞으로 무슨 일이 생길까?'라는 부분에 집중해 보세요.

- 지금까지 어떤 고통이 있었나요?

- 슬픈 일에서 배운 게 있다면 무엇이었나요?

- 어떤 일 덕분에 지금의 내가 있나요?

찰리 채플린의 질문

당신의 비극은
어떤 희극으로 바뀔까?

"" 인생은 가까이서 보면 비극이지만,
멀리서 보면 희극이다. ""

찰리 채플린 · 영화배우 · 코미디언

인생에는 즐거운 일뿐만 아니라 힘든 일, 쓰라린 일, 슬픈 일도 일어납니다.

이런 순간만 보면 인생은 비극이겠죠.

그러나 시간이 흐른 뒤 그 비극을 돌아보면 웃으며 얘기할 수 있을지도 모릅니다.

슬픔과 고통 속에 있을 때는 비극으로 받아들이기 마련입니다.

하지만 인간은 그런 상황을 반드시 극복할 수 있습니다.

아무리 슬프더라도 결국은 웃는 날이 올 것임을 알면 인생은 훨씬 살기 쉬워진답니다.

• 지금 돌이켜 보니 웃을 수 있는 일이 있다면 어떤 건가요?

• 해피엔딩이 된다면 어떤 일에 도전해 보고 싶나요?

• 인생의 마지막 날은 어떻게 보내고 싶나요?

2장

성공에 관한 질문

피터 드러커, 조셉 머피, 월트 디즈니, 토머스 에디슨,
제임스 앨런, 노자, 스탠리 볼드윈, 세르게이 브린,
피터 드러커, 벤저민 프랭클린, 나폴레옹 보나파르트,
볼프강 아마데우스 모차르트

Q **11**
피터 드러커의 질문

어떻게
기억되고 싶은가?

" 어떻게 기억되고 싶은가,
이 질문이 인생을 바꾼다. "
피터 드러커 · 경제학자 · 사회학자

"당신은 누구에게, 어떻게 기억되고 싶나요?"

이런 질문을 받으면 바로 대답하지 못하겠죠.

중요한 점은 이 질문에 대답하는 게 아니라 이 질문을 자신에게 계속 던져야 한다는 것임을 꼭 기억하세요.

인생에서 내가 하고 싶은 일을 할 뿐만 아니라 그 행위를 상대가 가치 있게 느낄 것인가? 상대와 어떻게 관계를 맺고 어떻게 기억되고 싶은가? 그것을 위해 오늘 나는 무엇을 할 것인가? 이 질문 속에는 아주 의미 깊고 소중한 요소가 수없이 포함되어 있습니다.

이 질문에서 시작된 행동은 지금까지와는 다른 것일 겁니다. 그리고 이 질문에 계속 대답하는 행위는 당신의 인생을 바꿀 겁니다.

- 누구에게 기억되고 싶나요?

- 당신 인생에서 잊을 수 없는 사람은 누구인가요?

- 기억되기 위해 무엇을 할 건가요?

12
조셉 머피의 질문

당신을
방해하는 것은
무엇인가?

" 당신의 성공과 목표 달성을 방해하는 유일한 것은
당신의 생각과 마음이다. "

조셉 머피 · 사상가 · 목사

당신의 성공을 방해하고 있는 것은 바로 당신의 생각입니다.

그 사고방식을 바꾸면 행동이 바뀌고 얻는 성과도 바뀝니다.

"내가 내 성공을 방해하고 있다니 믿을 수 없어"라고 말하는 사람이 있다면 "당신은 지금까지 만족할 만한 성공을 거뒀습니까?"라고 질문해 보세요. 만약 대답이 "아니요"라면 지금까지의 그 생각은 적절하지 않다는 소리입니다.

성공을 방해하는 개념은 저마다 다르지만, 성공에 대해 두려움을 품고 있는 경우가 종종 있습니다.

만약 그렇다면 "성공했을 때 어떤 문제가 있다고 생각하나요?"라는 질문에 대답해 보면, 자기 안에 있는 두려움이 보일 겁니다. 그 두려움을 버리는 게 자신을 성공으로 이끄는 방법이기도 합니다.

• 성공하면 어떤 문제가 있을 것 같나요?

• 성공하지 못한 요인은 무엇이라고 생각하나요?

• 그 요인을 없애기 위해 무엇을 할 수 있나요?

13
월트 디즈니의 질문

누구 때문에
잘되고 있는가?

❝ 나 혼자 노력해 성공했다는 주장은
천박하고 오만하다.
아무리 뛰어난 업적도 많은 사람의 손과
마음과 머리의 도움이 있었기에
가능해지는 것이다. **❞** 월트 디즈니 · 디즈니 창업자 사람은 칭찬을 많이 들을수록 '나는 다른 사람보다 우월하다'라고 생각하기 마련입니다. 그렇게 되면 다른 사람들의 협력이 있었기에 달성할 수 있었던 점도 보이지 않게 되고 잊고 맙니다.

그러나 돌이켜 보면 그 성공의 이면에는 반드시 누군가의 도움과 지지가 있었을 겁니다. 성공한 사람 중에는 연설을 끝낸 뒤 박수가 잦아들 때까지 절대 고개를 들지 않는 사람도 있습니다. 그것은 지금의 자신이 있기까지 많은 사람의 도움이 있었기에 가능했음을 알기 때문입니다.

성공하고 있을 때일수록 자신에게 이 질문을 해보세요. 그러면 새삼 주위에 감사하게 되고 더 성공할 수 있을 겁니다.

• 성공이란 무엇일까요?

• 성공의 계기는 무엇일까요?

• 누구에게 감사하고 싶나요?

14
토머스 에디슨의 질문

당신에게
실패란 무엇인가?

> 실패?
> 이것은 잘되지 않았음을 확인한 성공이다.

토머스 에디슨 · 발명가

실패하면 낙담하는 게 당연합니다. 그럴 때 제가 그 사람에게 "실패야?"라는 질문을 던집니다. 그가 "실패예요"라고 대답하면 "어떤 점이 실패야?"라고 또 물으면서 무엇을 실패라고 생각하는지 명확하게 해 나갑니다.

이를테면 신용을 잃고 빚을 졌거나 상대를 화나게 했다….

왜 실패인지를 생각해 보면 해야 할 일과 사실이 보이기 시작해 해결에 나설 수 있습니다.

실패란 다른 관점에서 보면 '잘되지 못하는 방법을 발견했다'라는 뜻이기도 합니다. 성공에서 멀어진 게 아니라 성공에 가까워졌다고도 할 수 있겠죠.

따라서 이 질문은 관점을 바꾸기 위한 질문입니다. 관점을 바꿔 사실을 발견함으로써 성공에 가까워지세요.

- 실패에서 얻은 건 무엇인가요?

- 최근에 한 실패는 무엇인가요?

- 만약 실패했다 해도 앞으로 도전하고 싶은 게 있다면 무엇인가요?

진정한 성공은
누가 보는 성공인가?

❝ '흔들림 없는 확실한 성공'이란
다른 사람은 승리로 보지 않더라도
내 자신은 기쁨과 충만함으로 가득한 순간이다. **❞**

제임스 앨런 · 작가·철학자

성공하고 싶어 하는 대다수는 다른 사람이 성공했다고 인정해 주길 바라는 제삼자의 관점을 가지고 있는 듯합니다.

그러나 진정한 성공은 다른 사람으로부터 "굉장해!"라는 말을 듣는 게 아닙니다. 설령 그들이 성공했다고 여기지 않더라도, 승리자로 보지 않더라도 내 자신 스스로 기쁘고 충만하다면 그것이 성공 아닐까요.

다른 사람의 눈을 의식한 성공을 목표로 하면 자신이 진심으로 하고 싶은 일이나 자기가 기뻐하는 일과 격차가 생길지도 모릅니다.

만약 진심으로 성공하고 싶다면, 지금 목표로 하는 성공이 다른 사람의 관점에 둔 것이 아닌지 확인하세요. 그다음에 스스로 즐겁고 충만하게 느끼려면 어떤 일을 해야 할지를 생각해 보세요.

• 당신에게 성공이란 무엇인가요?

• 왜 성공하고 싶나요?

• 성공해서 무엇을 얻고 싶나요?

Q 16
노자의 질문

성과를 내는 방법은
무엇일까?

❝ 다른 이에게 받은 물고기는
직접 잡은 물고기만 못하여라.
(가난한 사람에게 물고기를 주면 그 사람은 하루 배부르지만,
물고기 잡는 법을 알려주면 그 사람은 평생 배부르다.) **❞**
노자 · 사상가

이번에는 어떤 과정을 통해 대답에 도달할 수 있는지를 끌어내는 질문입니다.

이 과정을 알면 늘 필요한 대답을 찾을 수 있게 됩니다.

왜 이 과정을 알아야 하냐면, 대답은 시대와 상황에 따라 달라지지만 답을 끌어내는 방법은 어느 시대나 다르지 않기 때문입니다.

답을 바로 들으면 해결할 수 있지만 다른 사람에게 답을 물으러 다니기만 하면 다른 문제가 일어났을 때 스스로 해결하지 못합니다. 그래서 답을 찾기보다 스스로 해결할 수 있는 과정을 아는 게 중요합니다.

스스로 답을 끌어내기 위한 질문으로, 자신에게 이 질문을 던져 보세요.

- 당신이 지금까지 익힌 해결 방법은 무엇인가요?

- 당신이 해결하고 싶은 문제는 무엇인가요?

- 해결 방법을 아는 사람은 누구인가요?

베스트 타이밍이란?

> **66** 사람이 뜻을 세우는 데 늦은 나이란 없다. **99**
>
> 스탠리 볼드윈 · 제55대, 57대, 59대 영국 총리

애당초 인생에서, 언제, 무엇을 해야 한다는 규칙은 없습니다. 만약 어떤 결정 사항이 있다면 그것은 누군가의 사정에 맞춰 마음대로 정해진 겁니다. 그러므로 '이런 뜻을 세우고 싶다', '이런 일을 하고 싶다'라고 생각했다면 그걸 하면 됩니다.

다만 목표가 너무 크다거나 조건이나 제한이 있어서 목표 달성이 어려울 수도 있습니다. 예컨대 '좋은 사회를 만드는 데에 앞장서고 싶다' 혹은 '프로야구 선수가 되고 싶다' 같은 꿈이 있다고 합시다. 이처럼 목표가 너무 광범위하거나 황당한 꿈도 사실은 그 목표를 달성했을 때 생기는 '사람들에게 용기를 준다'와 같은 이상적인 상태를 꿈꾸는 것임을 이해한다면 실제로 사람들 앞에 서지 않더라도, 진짜 프로야구 선수가 되지 못하더라도 그 이상을 향한 수단과 방법은 생각할 수 있습니다.

정말 하고 싶은 일이 있다면, 시작하는 타이밍은 전혀 상관없답니다.

- 베스트 타이밍이라고 생각한 적이 있다면 언제였나요?

- 타이밍을 놓치지 않은 이유는 무엇인가요?

- 지금부터 하고 싶은 일은 무엇인가요?

그것은
심플한가?

" 성공은 심플함에서 나온다. **"**

세르게이 브린 · 구글 창업자

사람은 문제를 해결할 때 오히려 더 복잡하게 생각하는 경향이 있습니다. 그러나 매사를 복잡하게 볼수록 해결책을 찾아내는 건 더 어려워진다는 사실을 기억하세요. 쓸데없는 요소나 불필요한 것들을 과감히 버리는 게 중요합니다.

일에서도 심플해지면 거기에만 에너지를 집중할 수 있기에 더 깊이 파고들 수 있습니다.

예를 들어, 구글에 들어가면 검색창만 있습니다. 다른 사이트처럼 날씨나 뉴스 같은 항목이 없죠. 그 심플함, 명확함에 구글의 성공 요인이 있습니다.

심플하게 생각할수록 성공하기 쉬워집니다.

이 질문을 통해 매사를 심플하게 바라보는 능력을 길러 보세요.

- **복잡하게 생각한 것이 있다면 무엇인가요?**

- **쓸데없는 것은 무엇일까요?**

- **심플하게 생각하려면 무엇을 의식해야 할까요?**

피터 드러커의 질문

내 강점은
무엇인가?

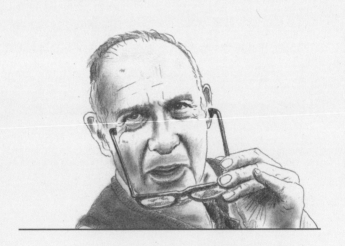

❝ 모든 사람은 강점에 따라 보수를 받는다.
약점으로 뭔가를 얻는 사람은 없다. **❞**

피터 드러커 · 경제학자 · 사회학자

우리는 흔히 다른 사람과 자신을 비교해 부족한 부분을 평균까지 채우려 합니다.

그러나 그 분야에서는 뛰어난 사람이 성과를 내기 쉬우므로 부족한 분야에서 아무리 노력해도 그 사람들을 따라잡을 수 없습니다.

강점이란 노력하지 않아도 저절로 되는 걸 말합니다.

강점은 원래 소질로 지니고 있어 의식하지 못할 때가 많으므로 금방 찾지 못하기도 합니다. '계속하는데도 그리 고통스럽지 않은 것', '다른 사람으로부터 대단하다는 말을 들은 것'이 무엇인지 찾아보세요.

자신의 강점을 찾으면 그것을 발휘할 수 있는 곳으로 가거나 강점을 발휘할 수 있는 사람과 팀을 꾸리면 성과나 보수로 이어질 겁니다.

• 굳이 더 실력을 키워 봤자 소용없는 단점은 무엇인가요?

• 계속해도 힘들지 않은 게 있다면 무엇인가요?

• 당신의 강점을 알아봐주는 사람은 누구인가요?

20
벤저민 프랭클린의 질문

실패에서
무엇을 배웠는가?

" 현명한 사람은 타인의 실패에서 배운다.
어리석은 사람은 자신의 실패에서도 배우지 못한다. **"**

벤저민 프랭클린 · 기상학자·정치가

세상에는 선조들의 실패로부터 얻은 많은 지혜가 있습니다. 선조의 지혜를 배우면 우리는 뼈 아픈 실패 없이 성장할 수 있습니다.

그러나 어리석은 사람은 다른 사람의 실패는커녕 자신의 실패에서도 배우지 못합니다. 그래서 똑같은 실패를 되풀이합니다.

자신의 실패에서 배우려 하지 않는 것은, 자신이 해내지 못한 일을 인정하고 싶지 않기 때문일지도 모릅니다. 하지만 그러고 있으면 아무리 시간이 지나도 다음 걸음을 내디딜 수 없습니다.

실패는 성장을 촉진하고 배움을 줍니다. 자신의 실패에서뿐만 아니라 다른 사람의 실패에서도 배우는 자세를 항상 잊지 마세요.

• 지금까지의 실패에서 무엇을 배웠나요?

• 어떤 분야의 실패 사례를 알고 있나요?

• 다른 사람의 실패에서 무엇을 배웠나요?

Q 21
나폴레옹 보나파르트의 질문

어떻게 하면
잘될까?

" 내 사전에 불가능이란 없다. **"**

나폴레옹 보나파르트 · 군인 · 정치가

이 질문은 미래에 초점을 맞춰 해결책과 개선책, 아이디어를 끌어내는 질문입니다.

나폴레옹은 무슨 일에든 '어떻게 하면 실현 가능할까?'를 생각했어요. 우리도 날마다 자신에게 "어떻게 하면 될까?"라고 물으면서 가능성을 추구해 나가길 바랍니다.

본질적으로 이루고 싶은 것에 초점을 맞추면 불가능은 없다고 생각합니다. 이를테면, 육상 경기 경험이 없는 제가 올림픽 백 미터 달리기에서 메달을 따는 일은 불가능하겠죠. 하지만 메달을 따고 싶은 이유가 '최선을 다하는 소중함을 전하고 싶다'라면 수단을 바꿔 그 꿈을 실현할 수 있습니다.

진정한 목적을 알면 어떤 일에도 불가능한 일은 없습니다.

• 잘하기 위해서는 무엇이 필요할까요?

• 잘되지 않는다면 원인이 무엇일까요?

• 그 원인을 해결하려면 어떤 대책을 세워야 할까요?

Q 22
볼프강 아마데우스 모차르트의 질문

내 재산은
무엇일까?

> **"** 우리의 재산, 그것은 우리 머릿속에 있다. **"**
> **볼프강 아마데우스 모차르트 · 작곡가**

은행 계좌나 금고에 있는 재산은 언젠가는 사라지지만, 지혜나 경험 같은 진정한 재산은 언제까지나 없어지지 않습니다.

우리는 머릿속에 있는 재산을 이용해 모든 것을 만들어내고 있습니다. 눈에 보이는 형태의 재산을 쌓기도 하고 눈에 보이지 않는 기쁨이라는 재산을 쌓을 수도 있습니다.

비즈니스에서 성공한 사람은 가령 실패해 큰 빚을 지더라도, 몇 년 뒤에 다시 성공하기도 합니다. 진정한 재산이 있으면 그것을 활용할 수 있으니까요.

밖에 있는 재산에만 신경 쓰지 말고 내 안에 있는 지식과 지혜, 사고방식, 경험 같은 재산을 인정하고 믿어 보세요.

- 줄어들지 않는 재산에는 어떤 것이 있을까요?

- 줄어드는 재산에는 어떤 것이 있을까요?

- 당신 안에 있는 줄어들지 않는 재산은 무엇인가요?

3장

일에 관한 질문

해롤드 제닌, 얼 나이팅게일, 빌 게이츠, 존 레논,
아이작 뉴턴, 레오나르도 다빈치, 콘래드 힐튼,
마르셀 프루스트, 길버트 키스 체스터튼,
미켈란젤로 부오나로티, 오카모토 타로, 데니스 웨이틀리,
톰 피터스, 마쓰시타 고노스케

일로
얻을 수 있는 것은
무엇인가?

> 비즈니스 세계의 보수는
> 모두 두 종류의 통화로 지급된다.
> 두 종류의 통화란 현금과 경험이다.
> 보수는 우선 경험으로 받는 것.
> 현금은 그 뒤에 따라온다.

해롤드 제닌 · 전 ITT 사장

제가 창업하면서 가장 중요하게 생각한 점은 '얼마나 경험을 쌓을 것인가?'라는 것이었습니다.

돈을 버는 것도 중요하지만 일을 하면서 얼만큼 성장하느냐가 매우 중요합니다.

왜냐하면 성장, 즉 경험을 쌓지 않으면 다음 일은 오지 않으니까요.

그러므로 그 일로 얼마만큼의 경험을 쌓을지 의식하고 최선을 다해 일하는 게 중요합니다.

만약 아무리 시간이 지나도 자신이 성장하지 않는다고 느껴지면 그것은 정말 당신에게 맞지 않은 일일지도 모릅니다. '일하자'라고 생각했을 때, '그 일로 얻을 수 있는 경험이 무엇일까?' 자신에게 질문해 보세요.

- 당신이 얻고 싶은 경험은 무엇인가요?

- 돈을 내더라도 경험하고 싶은 게 있다면 무엇인가요?

- 지금 하는 일로 얼마나 많은 경험을 얻었나요?

시간을
어디에 쓸 것인가?

목표를 달성하지 못했을 때 가장 많이 하는 변명은 '시간이 없었다'라는 말입니다.

그러나 자기 시간을 어떻게 쓸지의 최종 결정자는 바로 본인입니다. '시간이 없었다'라는 말은 곧 그 일이 '중요하지 않다고 판단했다'라는 말입니다.

만약 중요한 일이라고 생각했다면 자신이 달성하고 싶은 곳에 시간을 썼을 테니까요.

사람은 자신이 중요하게 여기는 것을 알지 못하면, 쓸데없는 데 시간을 낭비합니다. 자신에게 중요한 것을 명확하게 하고 시간을 유용하게 활용하세요.

시간을 쓰는 방법에는 일처럼 가치를 창조하는 생산적인 시간과 아무것도 만들어내지 못하는 비생산적인 시간이 있습니다. 비생산적인 시간은 마음과 몸을 쉴 때 필요합니다. 그 시간도 효과적으로 쓸 수 있도록 의식하면서 시간을 나눠 쓰세요.

- 시간이 없어서 못 했던 일은 무엇인가요?

- 필요 없는 시간은 어떤 때일까요?

- 자신에게 소중한 것은 무엇인가요?

25
빌 게이츠의 질문

비웃음을 살 만한
아이디어를 냈는가?

" 내가 낸 아이디어를 한 번도
누군가 비웃지 않았다면,
독창적인 발상을 하고 있다고 말할 수 없다. **"**

빌 게이츠 · 마이크로소프트 창업자

빌 게이츠는 내 아이디어에 대해 열 명이면 열 명 모두가 "그거 좋네"라고 한다면 그건 독창적인 아이디어가 아니라고 말했습니다. 그렇다면 왜 독창적인 아이디어가 필요할까요? 다른 사람과 똑같은 일을 하면 다른 사람과 똑같은 결과만 얻기 때문입니다.

남들과 다른 발상과 다른 아이디어를 내야 그들과 다른 성과를 낳게 되죠. 적어도 한 사람에게는 "그게 되겠어?"라고 비웃음을 사거나 거부당할 만한 아이디어를 떠올려 보세요.

차별화된 발상을 하려면 앞을 내다보는 통찰력이 필요합니다. '앞으로 이게 부족해지지 않을까?', '사람들은 이걸 원할지 몰라' 등 그런 것들을 상상해도 좋겠죠. 독창적인 발상에는 관찰하고, 앞으로 어떻게 하면 좋을지 깊이 있게 생각하는 힘이 필요합니다.

- 지금까지 비웃음을 샀던 아이디어가 있다면 무엇이었나요?

- 다른 이의 아이디어를 비웃은 적이 있다면 무엇이었나요?

- 독창적인 발상을 하려면 어떤 환경을 만들어야 할까요?

26
존 레논의 질문

일단 "YES"라고 말했으면
그다음은
무엇을 할 수 있을까?

❝ 마음을 열고 "YES"라고 말해 보라.
모든 걸 긍정하면 대답이 보일 것이다. **❞**

존 레논 · 뮤지션

어떤 결단을 내릴 때 처음부터 '아무래도 무리야', '절대 못 할 거야'라고 생각하지 말고 일단 "YES"라고 해보세요.

그러면 사고방식이 바뀌어 '그걸 실현하기 위해 무엇을 할 수 있을까?'라는 생각을 하게 되며, 현실을 향한 다음 걸음을 내디딜 수 있습니다.

처음부터 "NO"라고 말해 버리면 할 수 없다는 전제에서 매사를 생각하기 때문에 죄다 할 수 없는 방향으로 나아갑니다. 그래서 마음을 자유롭게 하고 "YES"라고 말하는 게 중요합니다.

이 질문의 핵심은 'YES라고 하면 실현을 향한 길이 보인다'라는 겁니다.

해보고 싶다는 생각은 들지만 내 능력에 자신이 없어 주저될 때, 그냥 "YES"라고 말해 보세요.

- "NO"라고 대답한 적이 있다면 언제였나요?

- "YES"라고 계속 말하면 어떤 미래가 올 것 같나요?

- "YES"라고 말하려면 어떤 게 필요할까요?

언제까지
계속할 것인가?

" 만약 내가 가치 있는 발견을 한다면
그것은 재능이 아니라
끈기 있게 주의를 기울인 덕분이다. **"**

아이작 뉴턴 · 자연철학자

뉴턴은 중력 법칙을 우연히 발견한 게 아니라 수없이 그것을 생각하고 또 생각한 결과 발견한 겁니다. 결코 재능이나 기회가 있어서 가능했던 게 아닙니다.

가장 중요한 점은 끈기 있게 포기하지 않고 계속 생각하는 것입니다.

제가 이메일 매거진을 발행했을 때 처음에는 전혀 반응이 없었습니다. 그러나 인내심을 가지고 계속하자 조금씩 독자가 늘어났습니다.

그 경험을 통해 도전하고 계속한다는 것의 중요함을 누구보다 실감했습니다. 물론 좀처럼 결과가 나오지 않아 지긋지긋할 때는 그만둬도 괜찮습니다.

다만, 그만두면 그 앞의 길은 사라집니다. '언제까지 계속할 것인가?'라고 자신에게 질문했을 때 그 길에서 결과를 내고 싶다면 계속 나아갈 수밖에 없습니다.

• 포기한 게 있다면 무엇인가요?

• 계속하고 싶은 것은 무엇인가요?

• 계속하기 위해 무엇을 할 수 있을까요?

28
레오나르도 다빈치의 질문

언제,
어떻게
끝낼 것인가?

> 충분히 끝을 생각하라.
> 일단 시작할 때 끝을 고려하라.

레오나르도 다빈치 · 예술가

매사에 시작과 끝이 있는데 대다수는 일의 시작만 생각하는 것 같습니다. 그래서 불완전한 형태로 시작하고 끝낼 생각이 아니었음에도 끝나고 마는 일이 벌어집니다.

그러나 처음부터 끝을 의식하면 순서를 세워 진행할 수 있고, 최고의 타이밍에 끝낼 수도 있습니다. 어떤 타이밍에 어떻게 끝낼지를 생각했기에 시작만 생각했을 때보다 많은 준비를 할 수 있습니다.

저도 처음 시작할 때 끝낼 계획이 없었는데 사업을 정리해야 했던 경험이 있습니다. 그때 처음으로 '끝을 생각해야 끝나지 않는 거구나'라는 사실을 깨달았습니다. 그 후로 무엇을 시작할 때는 반드시 '끝낼 때는 어떻게 할 것인가?'를 먼저 생각합니다.

• 언제 끝낼까요?

• 어떻게 끝내는 게 아름다울까요?

• 끝내면 무엇을 얻을 수 있을까요?

시간을 만들려면
무엇을 해야 할까?

" 시간의 문제가 아니다.
그것은 선택의 문제다. "

콘래드 힐튼 · 힐튼호텔 창업자

한정된 시간을 더 효율적으로 쓰려면, 자신이 어디에 얼마만큼의 시간을 쓰고 있는지 점검할 필요가 있습니다. 이를테면 식사와 출근, 이메일 체크에 얼마나 시간을 쓰고 있는지, 타성에 젖어 지내는 시간은 없는지 등입니다.

그렇게 하면 자신이 의식적으로 쓰는 시간(효율적인 시간)과 괜스레 흘려 보내는 시간(무의식적으로 낭비하는 시간)이 보입니다.

의식하지 못한 시간은 그것이 필요한지 아닌지를 판단해서 줄이거나 중단해 여유 시간을 늘리세요.

저는 5분의 시간이 나면 이 일을 한다, 10분이 생기면 이 일을 한다는 항목을 정해 둡니다. 그런 식으로 자기 나름의 규칙을 만들어 두면 지금까지 괜히 낭비했던 시간을 가치 있는 것으로 바꿀 수 있습니다.

- 어디에 얼마만큼의 시간을 쓰고 있나요?

- 여유 시간에 할 수 있는 일은 무엇일까요?

- 여유 시간을 활용하는 방법으로는 무엇이 있을까요?

30
마르셀 프루스트의 질문

어떤 눈으로
보고 있는가?

" 진정한 발견의 여행이란
새로운 경치를 찾는 게 아니라
새로운 눈으로 보는 것이다. **"**

마르셀 프루스트 · 작가·평론가

매사를 보는 방식은 여러 가지죠. 전에 방문한 적 있는 장소도 관점을 바꾸면 새로운 점이 보이기도 하고, 지난번 보지 못한 부분을 알아차릴 때도 있죠.

비즈니스도 마찬가지입니다. 이런 이야기가 생각납니다. 아프리카 대륙으로 시찰하러 갔던 한 구두 회사의 영업 사원 A씨는 "아무도 구두를 신지 않으니 사업을 시작하는 건 무리입니다"라고 보고했는데, 같은 영업 사원 B씨는 "아무도 구두를 신고 있지 않으니까 잘 팔릴 겁니다!"라고 보고했습니다.

이렇듯 관점을 바꾸면 다양한 가능성이 보이기 시작합니다. 저도 처음 중국에서 일을 시작하려 했을 때 "중국인은 상사의 말을 듣지 않아요. 그래서 대화법에 관심이 없어요"라는 말을 들었습니다. 하지만 저는 '대화법을 모르니까 오히려 그걸 배우려는 고객이 많겠구나'라고 생각했어요. 그래서 도전한 결과, 중국에서 사업 성과가 좋았습니다. 관점을 바꿈으로써 앞으로 나아갈 수 있었던 좋은 사례죠.

• 새로운 점을 발견하는 사람은 어떤 사람일까요?

• 똑같은 풍경 속에서 어떤 새로운 발견이 있나요?

• 관점을 바꾸니 무엇이 보이나요?

31
길버트 키스 체스터튼의 질문

무엇이
문제인가?

> " 해결책을 모르는 게 아니라
> 문제를 모르는 것이다. "
>
> **길버트 키스 체스터튼** · 작가 · 비평가

회의를 하는 데도 적당한 대책이나 아이디어가 나오질 않을 때는 대개 진짜 문제를 몰라서 그런 상황이 벌어지는 겁니다.

예를 들어, 음식점을 운영하는데 손님이 줄어서 '홍보 문구를 개선해 보자', 'SNS를 활용하자' 등 다양한 방법을 쓴다고 하더라도 진짜 문제가 경비를 너무 줄이는 바람에 맛이 떨어진 것이라면 그런 방법으로는 해결이 불가능합니다.

어떤 문제가 일어났을 때는 '이 상황의 진정한 문제는 무엇인가?'라는 점을 돌아봐야 합니다. 무슨 일이 일어나고 있는지, 진짜 문제가 무엇인지 찾아내야 하는 거죠.

문제의 핵심을 알게 되면 답은 바로 나옵니다. 반대로 답이 나오지 않는다면 문제를 모르고 있다는 얘기죠. 그럴 때는 억지로 답을 내려고 하지 말고 '무엇이 문제일까?'라고 생각해 보세요.

- 지금 당신이 안고 있는 문제는 무엇인가요?

- 이 상태의 진짜 원인은 무엇일까요?

- 진짜 문제를 해결하기 위해서는 무엇을 해야 할까요?

여분의 것은
무엇인가?

" 쓸데없는 것들을 떼어냄으로써 조각은 완성된다. "
미켈란젤로 부오나로티 · 조각가 · 화가 · 건축가 · 시인

여분이란 있으면 좋죠.

하지만 있으면 좋다는 말은, 사실 없어도 된다는 겁니다.

저는 강연회 등을 할 때 '이건 꼭 얘기해야 해'라는 내용만 얘기하려고 주의합니다. '이건 얘기해도 괜찮을까?'라는 생각이 든다면 이야기하지 않습니다. 상대에게 전달해야 하는 요소가 많을수록 매사가 복잡해져 오히려 상대가 이해하기 어려워지기 때문입니다.

여분의 요소들을 없애면 정말 하고 싶은 일, 정말 해야만 하는 내 역할, 정말 전하고 싶은 것 등 소중한 것만 남습니다.

만약 무엇을 줄여야 할지 모르겠다면 '가장 필요한 게 뭐지?'라고 자신에게 물어본 후 하나를 선택하고 나머지는 다 버리세요.

• 당신이 생각하는 여분은 무엇인가요?

• 여분이 있다면 어떨 때 곤란할까요?

• 여분을 없애기 위해 어떤 일을 할 수 있을까요?

익숙해져 버린 것은
무엇인가?

> 익숙한 곳에 비약은 없다.
> 항상 맹렬한 초보로 위험을 감수하고
> 직감에 모든 걸 걸어야 번뜩임이 생기는 것이다.
>
> 오카모토 타로 · 예술가

사람은 뭔가에 익숙해지면 신경을 덜 쓰기 마련입니다.

그러면 진지해질 수 없죠. 그 마음은 곧 상대에게도 전해져 결국 일이 잘 풀릴지 않습니다.

일 중에는 루틴이 된 작업도 있을 테죠. 하지만 아무리 오래 되풀이한 작업이라도 절대 익숙해져서는 안 됩니다. 항상 초심으로 돌아가 새로운 마음으로 도전해야만 좋은 결과를 얻습니다.

익숙해져 생기는 가장 큰 무서움은 비약이 사라진다는 겁니다. 처음에는 큰 성장이 있으나 그것도 천 번째가 되면 아무래도 성장 폭이 줄어듭니다.

그런 의미에서 익숙해진 일을 할 때야말로 초심으로 돌아갈 필요가 있습니다.

• 루틴이 된 일에는 무엇이 있나요?

• 처음 시작했을 때는 어떤 마음가짐이었나요?

• 비약하기 위해 어떤 도전을 해야 할까요?

34
데니스 웨이틀리의 질문

어떤 흐름을
탈 것인가?

> 완전히 똑같은 바람이 불어도
> 서쪽으로 나아가는 배가 있는 한편,
> 동쪽으로 나아가는 배도 있다.
> 진로를 결정하는 것은 바람의 방향이 아니라
> 돛을 펴는 방법이다. **데니스 웨이틀리 · 인간행동학자**

비즈니스에서는 많은 사람이 '시대의 흐름을 읽고 이 분야가 발전할 듯하니 이 일을 해보자', '이 업계가 유행할 듯하니 이 일을 해보자'고 선택합니다. 하지만 이 말을 뒤집어 생각하면 곧 진로를 결정하는 것은, 유행이 아니라 바로 나 자신이라는 소리입니다.

그렇다면 유행은 전혀 상관없는 이야기일까요? 그렇지 않습니다. 역시 시대의 흐름을 보고 나름대로 어떤 방향으로 나아가야 할지 생각하는 게 필요합니다.

자국뿐만 아니라 전 세계의 흐름을 아는 것도 중요합니다. 또모든 일은 수십 년 사이클로 움직이므로 지금부터 수십 년 뒤에는 무슨 일이 일어날까, 반대로 과거로도 관심을 넓힐 필요가 있습니다.

흐름은 항상 같은 방향으로 움직이지 않습니다. 날마다 조금씩 조정되면서 나아가는 게 필요하겠죠.

• 세상에서는 지금 어떤 일이 일어나고 있나요?

• 어떤 방향으로 나아가고 싶나요?

• 그 방향으로 나아가기 위해서는 무엇을 내 편으로 만들어야 할까요?

35
톰 피터스의 질문

다른 것과의
차이점은 무엇인가?

" 제품이나 서비스는
고객이 그 차이를 인정해줄 때까지는
다른 회사와 다르지 않음을 잊지 말아야 한다. **"**

톰 피터스 · 경영 컨설턴트

비즈니스에서는 다른 회사의 서비스나 제품의 차이점을 찾아내고, 그것을 더 부각해 고객에게 인정받으려는 노력이 필요합니다. 그런 노력이 전해지지 못하면 다른 회사 제품이나 서비스와 다를 게 하나도 없으니까요.

맥도날드와 모스버거 모두 햄버거를 다루는 회사라는 점에서는 같지만 콘셉트와 지향점이 다릅니다. 그 차이는 '누구에게 전하고 싶은가?'라는 부분과 크게 관련되어 있습니다.

예컨대, 당신이 컨설팅 전문가라면 이익을 내는 회사를 대상으로 할 것인가, 궁지에 몰린 회사를 대상으로 할 것인가에 따라 서비스도 가격 설정도 바뀝니다.

비즈니스에서는 자사의 특장점을 고객에게 전달하고 고객에게 선택되는 게 가장 중요합니다.

- 당신이 생각하는, 다른 회사와의 차이점은 무엇인가요?

- 고객이 생각하는 다른 회사와의 차이점은 무엇인가요?

- 차이를 만들어내기 위해 무슨 일을 해야 할까요?

당신은
어떻게 생각하는가?

" 자네, 요즘 무슨 생각하나? "

마쓰시타 고노스케 · 파나소닉 창업자

이 말은 일본에서 '경영의 신'이라고 불리는 마쓰시타 고노스케의 입버릇입니다.

진정한 리더에는 "이렇게 해", "저렇게 해"라고 지시하는 사람이 아니라 상대의 의견을 듣는 자세가 필요합니다.

왜냐하면 사람은 주관적으로 판단하므로 자기 의견만 중요하게 생각하면 매사를 보는 눈이 한쪽으로 기울기 때문입니다.

저 또한 어떤 처지에 있든 관계자나 주위 사람들의 이야기를 듣는 것의 가치는 크다고 생각합니다.

다만 다른 사람의 의견을 듣는다는 것은 그 의견에 찬성하기 위해서가 아닙니다. 다른 의견을 참고하면서도 내 의견을 확실히 다지고 최종적으로는 스스로 판단하는 게 중요합니다.

이는 다른 사람에게뿐만 아니라 자신에게도 하고 싶은 질문입니다.

- 지시와 명령의 단점은 무엇일까요?

- 상사가 의견을 물어오면 어떤 마음이 드나요?

- 이상적인 리더는 어떤 모습일까요?

4장

사랑에 관한 질문

마더 테레사, 달라이 라마 14세, 마하트마 간디,
조이스 브라더스, 윌레스 워틀스, 윌러드 메리어트

37
마더 테레사의 질문

눈앞에 있는
사람을 위해
무엇을 해야 하는가?

"눈앞에 있는 사람을 소중히 여겨라."

마더 테레사 · 가톨릭교회 수녀

많은 사람을 행복하게 해주려고 하기보다 눈앞에 있는 사람에게 얼마나 사랑을 담는지가 더 중요하다고 생각합니다.

눈앞의 사람을 소중히 여기지 못한다면 그 누구도 소중히 여길 수 없습니다. 그러므로 일단 제일 먼저 눈앞에 있는 사람부터 소중히 여겨야 합니다.

내 눈앞에 누군가가 있다면 '저 사람을 위해 무엇을 할 수 있을까?'라고 생각하면서 지금 할 수 있는 최대한의 일을 하세요.

그때 대가를 원해서는 안 됩니다.

대가를 원하면 상대에게 줄 생각이었는데 오히려 상대의 에너지를 빼앗는 것이기 때문입니다. 그렇다면 상대를 소중히 여기는 게 아니죠. 대가를 원하지 않고 상대를 대하도록 의식적으로 생각해 보세요.

- 눈앞에 있는 사람을 더 잘 알기 위해 무엇을 해야 할까요?

- 눈앞에 있는 사람이 좋아하는 건 무엇인가요?

- 보상을 원하지 않고 할 수 있는 게 무엇일까요?

38
달라이 라마 14세의 질문

배려심을
느끼는가?

" 행복은 배려심에서 생기는 것이지,
분노와 증오에서는 생기지 않는다. "

달라이 라마 14세 · 승려

행복이 배려하는 마음에서 생긴다면, 당신은 지금 행복을 향하고 있나요?

자신이 행복을 향하고 있는 상태인지 확인하기 위해서 지금 어떤 감정 상태에 놓여 있는지 느껴 보세요.

분노나 증오를 느끼고 있지는 않나요? 만약 그렇다면 그 상태는 행복을 향해 있는 상태가 아닙니다.

그렇다고 걱정하지는 마세요.

심호흡하고 차분한 마음으로 다시 배려심을 갖고 상대를 대하면 행복을 향해 걸을 수 있습니다.

- 지금 느끼는 감정은 무엇인가요?

- 행복을 느끼려면 무엇을 해야 할까요?

- 상대에게 배려심을 갖고 대하려면 어떻게 해야 할까요?

39
마하트마 간디의 질문

무엇을
용서할 것인가?

“ 약한 사람일수록 상대를 용서하지 못한다.
용서란 강하다는 증거다. **”**

마하트마 간디 · 변호사 · 정치가

다른 이를 용서하는 건 정말 힘든 일이죠. 그것은 상대를 용서함으로써 내 처지가 약해지는 것처럼 느낄 때가 있기 때문입니다.

하지만 내 안에 중심이 단단하게 잡혀 있으면 처지와 상관없이 상대를 용서할 수 있으리라고 생각합니다.

만약 도무지 용서가 안 될 때는 왜 용서할 수 없는지 자신에게 물어보세요. 거기에는 아마도 자신의 약한 일면이 숨어 있을 겁니다. 그 약점과 대면할 수 있다면 상대를 용서할 수도, 스스로 성장할 수도 있겠죠.

저는 또한 용서란 '누구를 용서할 것인가?'가 아니라 '상대의 무엇(어떤 부분)을 용서할 것인가?'라고 생각합니다. 상대의 모든 걸 용서할 수는 없으니까요. 그 부분을 발견하고 용서해주세요.

• 용서하고 싶은 일이 있다면 무엇인가요?

• 용서해도 되는 일은 무엇인가요?

• 용서라는 강인함을 익히려면 무엇을 해야 할까요?

상대의 모든 것을 믿는가?

> 사랑의 최고 증거는 신뢰하는 것이다.

조이스 브라더스 · 심리학자

파트너십이나 비즈니스에서 사랑을 가지고 대한다는 것은 상대를 믿는다는 겁니다. 그러나 진심으로 상대를 믿는 일은 매우 어려운 일이죠.

왜냐하면 사람은 상대에게 '이렇게 해줬으면'이라고 기대하기 마련인데, 그대로 되는 일은 거의 없어 실망할 때가 많으니까요.

그래도 상대를 믿고 사랑으로 대할 수 있다면 양호한 관계를 유지해 상대를 성장시키고 성과를 끌어낼 수 있습니다.

일례로 성과주의 비즈니스는 단기적으로는 성공할 수 있으나 지속할 수 없기 때문에 성과가 나오지 않으면 모든 게 끝입니다. 한편 사랑이 담긴 비즈니스는 꽤 높은 확률로 장기적인 성공을 거둘 수 있습니다.

상대를 믿고 대하는 일은 자신에게도 상대에게도 아주 소중한 힘이 됩니다.

- **기대하고 말았던 게 있었다면 무엇이었나요?**

- **어떤 상대라면 믿을 수 있나요?**

- **믿기 위해 할 수 있는 일은 무엇일까요?**

41
윌레스 워틀스의 질문

당신이
풍요로움을 받아들이면
주위에 어떤 변화가 생길까?

> 당신이 점점 풍요로워지고 있음을 실감하라.
> 그럼으로써 다른 사람도 풍요로워지고
> 모든 사람에게 이익이 돌아감을 느껴라. "

윌레스 워틀스 · 작가 · 사상가

부를 물려받으면 주위에서 거부감을 느끼는 사람이 많은 듯합니다.

그러나 부를 주위에 환원해 순환을 만들어서 자신을, 주위를 더 풍요롭게 한다면 어떨까요?

실은 그것이 풍요로움의 법칙입니다.

이 법칙을 활용하려면 우선은 자신이 풍요로움을 얻어도 괜찮다는 점을 알 필요가 있습니다. 부를 얻기로 마음먹고 실제로 풍요로움을 얻었다면 다음은 그 풍요로움을 주위에 환원하는 데 의식을 집중하세요. 그리고 '어떻게 하면 모두의 미래에 도움이 될 수 있을까?'라는 점을 생각하며 돈을 써 보세요.

돈은 주위와 미래에 투자하면 순환이 시작됩니다.

당신이 풍요로워지면 주위도 풍요로워진다는 사실을 이해하시겠죠?

• 풍요로움을 얻었을 때 어떤 기분일까요?

• 주위에 무엇을 환원하고 싶나요?

• 부를 환원함으로써 어떤 세상을 만들고 싶나요?

직원을 위해
무엇을
할 수 있을까?

**직원을 소중히 여기면
그들은 고객을 소중히 여긴다.**

윌러드 메리어트 · 메리어트 인터내셔널 창업자

비즈니스에서 고객을 소중히 여기는 태도는 기본 중 기본입니다. 그러나 고객뿐만 아니라 직원도 소중히 여기고 있나요?

일하는 직원이 피곤한 호텔과 생기 넘치는 호텔이 있다면, 똑같은 서비스를 받더라도 어느 쪽에 묵고 싶을지는 너무나 분명할 겁니다.

어떤 카페에서 점원의 세심한 배려로 매일 아침 기분 좋은 시간을 보내고 있다면, 근처에 비슷하게 맛있는 커피를 파는 카페가 생기더라도 늘 다니던 곳으로 가는 게 사람입니다.

브랜드의 핵심은 사람입니다. 그러므로 그곳에서 일하는 사람을 소중히 여기는 게 결과적으로 고객을 소중히 여기는 일이 됩니다.

• **어떤 직원이 되고 싶나요?**

• **직원은 무엇을 원할까요?**

• **직원이 할 수 있는 일은 무엇인가요?**

5장

열정에 관한 질문

파블로 피카소, 구카이, 스티븐 스필버그,
어니스트 헤밍웨이, 존 록펠러, 마거릿 대처, 마르크 샤갈

Q 43
파블로 피카소의 질문

어떻게 하면
열광적인 상황을
만들어낼 수 있는가?

> ❝ 열광적인 상황을 만들어내는 게 중요하다. ❞
> **파블로 피카소 · 화가**

열광적인 상황이란 누군가가 시키지 않아도 하고 싶어지는, 꼭 하고 마는 상황입니다. 만약 의식적으로 그런 상태나 상황을 만들 수 있다면 방대한 에너지가 생겨 예상 이상의 결과를 낳을 수 있습니다.

그걸 가능하게 할 수 있는 사람은 다름 아닌 자신입니다.

그러므로 자신은 어떤 상태에서 어떤 요소가 있을 때 열광적인 상태가 되는지 알아 두길 바랍니다.

말로 그렇게 될 수도 있고 궁지에 몰렸을 때, 보수가 있을 때 등 열광적인 상태가 되는 조건은 사람마다 다릅니다.

어떤 요소가 있을 때 자신의 열광적인 상황을 만들어낼 수 있는지를 항상 의식하면 여차 싶을 때 큰 도움이 됩니다.

• 당신에게 열광적인 상황이란 어떤 상황인가요?

• 지금까지 열중했던 일이 있었다면 무엇이었나요?

• 열중한 계기는 무엇이었나요?

내게는
어떤 원석이 있을까?

❝ 인간은 누구나 가슴속에
보석이 될 원석을 품고 있다.
그 원석을 평생 갈고닦아야 아름답게 반짝이는
보석이 된다. **❞** **구카이 · 진언종 시조**

'나는 아무것도 할 수 없어'라고 생각하는 사람은 '내게는 아무런 재능이 없어'라고 생각할지도 모릅니다.

확실히 그렇게 느끼고 있을 때는 자신이 재능이 없는 듯 느껴질 수도 있습니다. 하지만 누구나 원석(재능)을 잔뜩 가지고 있답니다.

재능을 발휘하는 사람과 발휘하지 못하는 사람의 차이는 수많은 재능 가운데 무엇을 발휘할지 아는지와 모르는지에 따라 결정될 뿐입니다.

갈고닦고 싶은 원석을 결정하면 다음은 열심히 그걸 갈고닦으면 그만입니다. 어떤 원석이든 갈고닦기만 하면 반드시 아름답게 빛나기 시작합니다.

내 안에 어떤 재능이 있는지 모를 때는 '이 원석은 어떨까?' 정도의 가벼운 마음으로 갈고닦아 보세요. 틀림없이 생각지도 못한 발견이 있을 겁니다.

• 당신은 무엇을 갈고닦고 싶나요?

• 당신의 재능을 발견해주는 사람은 누구인가요?

• 당신의 숨겨진 재능은 무엇인가요?

45

스티븐 스필버그의 질문

정말
내가 할 수 있는 최선을
다했을까?

> **"** 내가 할 수 있는 최대한의 일을 하고 있는가?
> 아직 멀었다. 그러므로 나는 지금도
> 헝그리 정신으로 가득하다. **"**
>
> 스티븐 스필버그 · 영화감독 · 영화 프로듀서

아무리 잘해냈다고 생각해도 완벽하다고는 할 수 없습니다.

최선을 다했다는 말은 '생각한 것만큼은 다 해냈다'라는 말입니다. 그렇게 생각하면 아직 하지 못한 게 정말 많지 않나요?

프로 스포츠 선수가 좋은 결과를 내고도 "아직 멀었습니다"라고 말하는 것은 더 성장할 수 있음을 알기 때문이 아닐까요?

내 한계에 도전하려면 일단 할 수 있는 일은 생각나는 대로 다 적고, 모르는 건 조사하거나 다른 사람에게 물어보고 나온 항목을 죄다 해내 보세요.

'더 뭔가 할 게 있을 거야'라는 생각을 소중히 여기고 도전을 계속한다면 나의 성장과 나아가 성과로 이어집니다.

• 더 할 수 있는 게 무엇일까요?

• 100점 만점 중에 몇 점인가요?

• 성장하려면 어떤 도전을 해야 할까요?

46
어니스트 헤밍웨이의 질문

진심으로
하고 싶은 일인가?

❝ 진심으로 하고 싶다는 생각이 들지 않으면 그만둬. ❞

어니스트 헤밍웨이 · 작가 · 시인

세상에는 '하고 싶은 것'보다 '하는 게 낫다고 생각하는 것'을 하는 사람이 많습니다.

하지만 저는 인생에서 하고 싶지도 않은 일을 할 시간은 없다고 생각합니다.

자신이 하고 싶은 일에 진심으로 임하면서 사는 일이야말로 인생의 의미 아닐까요?

진심으로 하고 싶은 일이란 '누가 뭐라든 할 거야!'라고 생각하는 겁니다.

만약 "당신이 지금 하는 일이 진심으로 하고 싶은 일인가요?"라는 질문을 받고 "네!"라고 대답하지 못한다면, 그것을 당장 그만두고 '내가 하고 싶다'라고 생각하는 것만을 선택하는 데 의식을 집중해 보세요.

- 하고 싶은 게 무엇인가요?

- 꼭 해야만 하는 일은 무엇인가요?

- 지금 하는 일 가운데 그만두고 싶은 게 있다면 무엇인가요?

Q 47
존 **록펠러**의 질문

어떤 새로운 길을
나아가고 싶은가?

" 당신이 성공하고 싶다면
이미 이루어지고 받아들여진 성공의 길을 갈 게 아니라
새로운 길을 개척하라. **"**

존 **록펠러** · 스탠더드오일 창업자

누군가가 걸어온 성공의 길을 똑같이 걸으면 목표에 더 쉽게 도달할 수 있다고 생각할지 모릅니다.

그러나 누군가 걸었던 길을 그대로 따라 걸으면 그 이상의 성공은 실현할 수 없죠.

다른 사람과 똑같이 행동하면 그 사람과 같은 결과밖에 얻지 못합니다.

스스로 생각하고 추진하는 사람이야말로 진짜 성공할 수 있는 사람입니다.

만약 새로운 길을 가고 싶다면 스스로 길을 개척할 필요가 있습니다.

그 일은 결단코 쉬운 일이 아닙니다. 하지만 새로운 길을 나아갈 의지가 없는 사람이 성공하는 일은 그보다 더 어렵겠죠.

어떤 성공에 도달할 것인지는 당신 하기 나름입니다.

- 지금 이대로 나아가면 어떤 미래가 기다리고 있나요?

- 이상적인 미래는 어떤 모습입니까?

- 이상을 실현하려면 어떤 새로운 일에 나서야 할까요?

48
마거릿 대처의 질문

부를 얻은 다음
무엇을 할 것인가?

" 부를 창출하는 게 잘못된 것은 아니다.
자신을 위해 돈을 사랑하는 게 잘못이다. "

마거릿 대처 · 제71대 영국 총리

자신이 얻은 부를 나만을 위해 사용할 때 일어나는 일은 '나는 행복한데 다른 이들은 행복하지 않다'는 현실입니다.

다른 사람을 기쁘게 하려고 돈을 쓰면 감사의 마음을 주고받으며 관계가 깊어집니다. 설령 돈이 다 없어진다고 해도 그다음에 진정한 인연이 남겠죠.

부는 주위 사람을 행복하게 할 도구입니다.

나만이 아니라 다른 사람을 기쁘게 하는 데 돈을 쓰면 결과적으로 내 행복도가 올라갑니다.

맛있는 식사를 혼자서 하기보다 소중한 사람들과 그 시간을 공유한다면 행복이 커질 수 있습니다. 돈을 쓰는 방법도 마찬가지입니다.

• 다른 사람을 기쁘게 할 일이라면 어떤 것이 있을까요?

• 나를 위하는 것과 다른 이를 위하는 것, 어떤 비율로 돈을 쓰고 있나요?

• 돈으로 무엇을 하고 싶나요?

Q 49

마르크 샤갈의 질문

열정과 재능 중
어느 쪽이 부족한가?

> 자신을 완전히 몰입시켜야 한다.
> 가령 99%까지만 몰입했다면
> 열정이 부족하거나 재능이 부족하다는 증거다.

마르크 샤갈 · 화가

열정과 재능 중 하나만 있어도 매사 그럭저럭 굴러갑니다.

다만 열정이 있으면 부족한 재능을 보충할 수 있습니다.

다른 사람에게 아무리 재능이 없다는 소리를 들어도 재능은 갈고닦으면 빛나기 마련입니다. 포기하지 않고 계속하다 보면 언젠가는 그 길의 프로로 성공할 수 있습니다.

이 책에 나오는 현인들도 처음부터 재능을 발휘한 건 아닙니다. 계속 그 일을 하다 보니 위업을 달성한 겁니다.

재능을 갈고닦으려면 열정은 없어서는 안 될 조건입니다.

만약 도무지 열정이 생기지 않는다면 하고 싶지 않은 일일 수도 있습니다.

그럴 때는 '내가 뭘 하고 싶은 거지?'라는 원점으로 돌아가 보세요.

- 당신에게는 어떤 재능이 있나요?

- 어떻게 열정을 드러내고 있나요?

- 그것은 정말 하고 싶은 일인가요?

6장

행복에 관한 질문

구카이, 플로렌스 나이팅게일, 플라톤,
모리스 메테를링크, 헨리 포드, 윌리엄 셰익스피어,
프리드리히 니체, 아리스토텔레스, 안네 프랑크,
알베르트 슈바이처, 맥스웰 몰츠

50
구카이의 질문

나와 다른 사람의 이익을
일치시키는 방법은?

❝ 남을 배려하는 마음과
남에게 이익이 되는 행동을 하는 것이
모든 것의 근본이다.
부처님의 가르침은 한마디로 자기의 이익과
타인의 이익을 일치시키는 것이다. **❞** 구카이 · 진언종 시조 상대가 원하는 일을 해주는 것은 비즈니스에서도, 인간관계에서도 매우 중요합니다.

다만 상대가 원한다고 해서 자신은 그리 좋아하지도 않으면서 쉽게 할 수 있다는 이유만으로 계속하면, 처음에는 잘 되더라도 계속 이어지지 않습니다.

저는 예전에 홈페이지 제작을 의뢰받은 적이 있습니다. 그 일을 잘하기는 했는데, 그 일을 좋아했냐고 물으면 그렇지 않았습니다. 그래서 결국은 저도, 고객도 행복하지 않았죠.

내가 진심으로 하고 싶은 것, 그리고 상대가 원하는 일을 일치시켜야 내 힘을 가장 크게 발휘하고 성과를 낼 수 있습니다. 의식해서 그런 일을 찾아보세요. 그게 라이프워크입니다.

• 당신이 좋아하고 잘하는 일은 무엇인가요?

• 다른 사람이 당신에게 원하는 건 무엇인가요?

• 그 두 가지가 합치하는 게 무엇일까요?

Q 51
플로렌스 나이팅게일의 질문

어떤 희생을
하고 있는가?

" 희생 없는 헌신이야말로 진정한 봉사다. **"**

플로렌스 나이팅게일 · 간호사 · 사회사업가

상대를 위해 무슨 일을 할 때 자신을 희생하면서까지 하는 사람이 있는데, 그것은 진정한 봉사라고 할 수 없습니다.

왜냐하면 본인이 충족되지 않은 채 다른 이에게 봉사하면 금방 지치기 마련이니까요.

병원에서 피로에 지친 간호사들에게 영혼 없는 간호를 받으면 기쁠까요?

자기희생 위에 성립된 봉사는 아무도 행복해질 수 없습니다.

누군가를 위해 뭔가를 해줄 때는 내 마음과 몸을 먼저 소중히 하면서 무리하지 않는 범위에서 봉사하는 게 중요합니다.

진정한 봉사란 '자신을 만족시키며 상대에게 주는 것'이랍니다.

• 자신을 채울 수 있는 일은 무엇일까요?

• 희생해 버리고 마는 게 있다면 무엇인가요?

• 어떤 봉사를 하고 싶나요?

질투를 통해
무엇을 깨달았는가?

> 질투가 심한 사람은
> 스스로 진실의 덕을 찾으려 노력하기보다
> 상대를 헐뜯는 것이
> 그를 능가하는 길이라고 생각한다.

플라톤 · 철학자

사람은 질투를 느끼면 그 상대를 공격하고 싶어집니다. 하지만 그 감정을 상대에게 향하지 않도록 주의해야 합니다. 질투란 '나도 할 수 있는데'라는 마음의 표현이므로 자신이 연마할 수 있는 부분을 알려주는 것이랍니다.

만약 누군가를 질투하고 있다면, 그 이유를 생각해 보세요.

예를 들어, 어떤 사람을 보고 '친구를 정말 잘 사귀네'라며 질투하는 마음이 생겼을 때, '친구를 잘 사귀는 걸 왜 질투할까?'라고 생각하면 '나는 다른 사람과 잘 어울리지 못하고 있구나'라는 점을 깨달을 수도 있습니다.

만약 그렇다면 내가 다른 사람과 잘 어울릴 수 있도록 그 부분을 연마하면 질투할 필요가 없어집니다.

질투라는 감정을 상대를 향한 나쁜 감정이 아니라 내 성장을 위해 사용해 보세요.

- 최근 어디서 질투를 느꼈나요?

- 왜 그 질투가 생겼을까요?

- 그 질투심을 없애려면 무엇을 해야 할까요?

행복은
어디에 있는가?

" 뭐야, 저게 우리가 찾던 파랑새야?
우리는 아주 멀리까지 찾으러 갔는데
사실은 늘 여기에 있었구나. **"**

모리스 메테를링크 · 시인 · 극작가

사람은 자신이 가진 것들을 하찮게 여깁니다. 그것은 손에 넣기 힘든 것을 원하기 때문입니다. 내 손에는 원하는 게 없다고 생각하고 먼 곳만 바라봅니다.

그러나 사실은 가까운 내 주변에 진정 원하는 것과 행복이 있습니다.

행복을 발견하는 것에는 몇 가지 방법이 있습니다.

그중 하나는 주변에 있는 아주 당연한 것들을 발견하는 겁니다.

나에게는 당연하지만, 다른 사람에게는 당연하지 않을 수도 있습니다.

행복은 의외로 가까이에 있습니다. 꼭 찾아보시길 바랍니다.

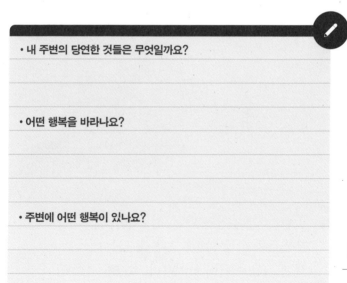

• 내 주변의 당연한 것들은 무엇일까요?

• 어떤 행복을 바라나요?

• 주변에 어떤 행복이 있나요?

54
헨리 포드의 질문

가까운 사람을
행복하게 하려고
어떤 일을 하고 있는가?

" 행복한 가정을 꾸리지 못하는 사람은
천하를 다스릴 수 없다. "

헨리 포드 · 포드·모터스 창업자

저는 주위 사람을 기쁘게 해주지 못하는 사람은 멀리 있는 사람을 기쁘게 해줄 수 없다고 생각합니다.

즉, 곁에 있는 사람도 미소 짓게 해주지 못하는 사람이 어떻게 멀리 있는 사람을 미소 짓게 해줄까요?

이 법칙을 비즈니스에 적용하면, 가족을 기쁘게 해주지 못하는 사람은 일에서도 고객을 기쁘게 해줄 수 없습니다.

가정이란 사람을 키우고 협력하고 서로 돕고 감사하며 행복을 느끼게 하는 등 수많은 장점을 만들어내는 곳입니다.

가정이야말로 비즈니스에서 가장 중요하게 다루어야 하는 대상입니다.

사회로 의식을 돌리기 전, 곁에 있는 사람을 웃게 하는 것부터 시작하세요.

- 가까운 사람을 행복하게 해주는 사람은 누구입니까?

- 가까운 사람에게 행복을 느끼게 해주려면 어떤 일을 할 수 있을까요?

- 나를 행복하게 하기 위해서는 어떤 일을 할 수 있을까요?

55
윌리엄 셰익스피어의 질문

지금 일어난 일은
행운일까, 불행일까?

❝ 세상에는 행복도, 불행도 없다.
그것은 생각하기 나름이다. **❞**

윌리엄 셰익스피어 · 극작가·시인

세상에서 일어나는 일들은 사실 행복한 일도, 불행한 일도 아닙니다.

그 일들에는 오직 사실만이 있을 뿐입니다. 그러므로 어떤 일이 일어났을 때 '거기에 어떤 사실이 있는가?'를 발견하는 것이 가장 중요합니다.

그 사실을 발견했을 때 당신은 행복이라는 감정 혹은 불행이라는 감정 중 하나를 선택할 수 있습니다.

예를 들면, 회사에서 해고되었을 때 사실은 '내일부터는 회사에 안 가도 된다'는 의미기도 합니다. 물론 그 회사에서 받는 월급에 의지해서 살아야 한다면 불행일 수 있습니다. 하지만 한편으로는 자신의 인생을 다시 생각해 보는 기회를 가지는 등 좋은 점도 분명 찾을 수 있습니다.

우리는 생각 하나로 행복해질 수도, 불행해질 수도 있습니다.

사실을 발견한 다음에 둘 중 하나를 선택하세요.

• 불행하다고 생각하는 일이 있다면 무엇인가요?

• 행복하다고 생각하는 일이 있다면 무엇인가요?

• 거기에는 어떤 사실이 있나요?

Q 56
프리드리히 니체의 질문

내 곁에
어떤 행복이 있는가?

❝ 어리석은 자는 편안한 삶을 얻어도
그보다 더 편안한 삶을 원한다. **❞**

프리드리히 니체 · 철학자

사람은 자신에게 없는 부분에 눈이 가는 경향이 있습니다. 그래서 뭔가를 채워도 다른 부족한 부분을 찾습니다.

또한 사람은 상황에 빨리 익숙해져서 '이렇게 되면 좋겠다'라고 기대했던 상황이 막상 오면, '더 좋은 게 분명히 있을 텐데'라고 더한 것을 원하기 시작합니다.

'연봉 5천만 원이면 좋겠다'라고 생각한 사람은 막상 5천만 원이 되면 '8천만 원이 되면 행복하겠다'라고 생각을 바꿉니다. 또 8천만 원이 되면 더 원하게 됩니다.

이런 식이면 아무리 돈을 많이 벌어도 만족할 수 없습니다.

행복해지고 싶다면 지금 생활 속에서 만족스러운 요소와 핵심을 발견해 보세요.

• 어떤 삶이 더 행복할까요?

• 그 삶에 뭐가 부족한가요?

• 지금 생활 가운데 만족스러운 요소는 무엇인가요?

아리스토텔레스의 질문

행복해지려면
어떻게 해야 하는가?

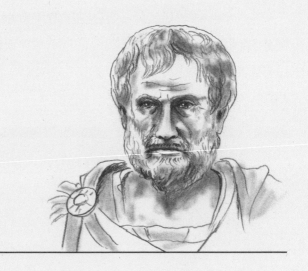

" 행복은 인생의 의미와 목표,
인간 존재의 궁극적인 목적이자 목표다. "
아리스토텔레스 · 철학자

저는 행복해진다는 것은 행복을 느끼는 것이라고 생각합니다.

아무리 자산이 많아도, 남들이 부러워하는 지위에 있더라도, 행복을 느끼지 못한다면 좋은 인생이라고 할 수 없죠.

그러므로 행복을 느끼는 능력을 갖추는 게 중요합니다.

행복을 느끼는 능력이란 작은 것, 사소한 것으로부터 행복을 느끼는 힘입니다.

행복은 머리로 생각하는 게 아닙니다. 오감을 소중히 하고 생활 속에서 행복을 찾으세요.

식사가 맛있어서 만족했다거나 많이 웃어서 가슴이 뛴다거나 소중한 사람과 함께 있어서 기쁘다거나… 그런 행복을 느끼는 게 인생의 목적일지 모릅니다. 사람이 바쁘면 행복을 느낄 여유가 없어지므로 여유를 갖는 것도 매우 중요합니다.

- 당신은 어떤 순간이 행복한가요?

- 행복한 사람의 공통점은 무엇일까요?

- 행복을 맛보기 위해 무슨 일을 할 수 있을까요?

나의 치료 약은
무엇인가?

> **❝** 10알의 약을 먹는 것보다
> 마음으로 웃는 게 더 효과가 있다. **❞**

안네 프랑크 · 작가

당신에게 약을 먹는 것과 같은 효과가 생기는 일이나 행동은 무엇인가요? 예를 들어, '이 영화를 보면 힘이 난다', '여기에서 식사하면 피로가 날아간다' 등 이런 것들을 일상에서 발견해 보세요.

제게 그런 약은 일을 통해 감사 인사를 들을 때입니다. 그런 말을 들으면 '더 노력해야지!'라고 생각하게 됩니다.

몸이 피곤하면 건강 보조제를 먹으려는 사람도 있는데 저는 그런 보조제보다 고객의 소리를 들을 때 더 힘을 얻습니다. 그러려면 고객의 소리를 직접 들을 기회를 늘려야겠죠. 나만의 약은 무엇인지 의식해 그것을 실행하려고 노력해 보세요.

내 마음이 건강해지는 '무언가'를 알고 있고 날마다 그것을 의식적으로 수행하면 매일매일 더 즐거워집니다.

- 최근 언제 큰소리로 웃었나요?

- 당신을 힘 나게 하는 원천은 무엇인가요?

- 내일은 어떤 웃음을 만들 건가요?

59
알베르트 슈바이처의 질문

성공과 행복 중
무엇이 먼저일까?

❝ 성공이 행복의 열쇠는 아니다.
행복이 성공의 열쇠다.
만약 내가 하는 일이 좋다면
당신은 성공할 것이다. ❞
알베르트 슈바이처 · 철학자 · 의사

사람이 왜 성공하고 싶어지냐면 행복을 느끼기 위해서입니다.

다만 일반적인 세상의 성공은 '○○할 수 있다면 성공'이라는 행동이 바탕이어서 많은 사람은 그게 안 되면 행복해질 수 없다고 생각합니다. 예를 들어, '은퇴 후에는 하와이에서 살고 싶어'라고 생각하는 사람은 사실 '따뜻한 곳에서 느긋하게 살고 싶다'라는 게 꿈이죠. 그런데 '하와이에서 사는 게 행복'이라고 규정해 버리면 그곳에서의 삶만이 목적이 됩니다. 그렇게 되면 하와이에 가지 못하면 불행해지고, 실제로 갔더라도 예상과 다를 때는 행복하지 않습니다.

행복해지려면 감정을 깨닫는 게 필요합니다.

사람은 좋아하는 게 생기면 그것만으로도 행복합니다. 그 행복을 느끼는 힘을 소중히 하면 행동이나 조건 등에 흔들리지 않고 자연스럽게 성공할 수 있습니다.

- 성공하면 얻을 수 있는 게 무엇인가요?

- 행복은 언제 느낄 수 있을까요?

- 행복을 느끼려면 어떻게 해야 할까요?

지금
행복한가?

" 지금, 이 순간의 행복을 느끼려 하지 않는다면
영원히 행복은 찾을 수 없을 것이다. "

맥스웰 몰츠 · 심리학자 · 성형외과 의사

종종 미래를 꿈꾸는데 여기서 중요한 것은 앞으로 행복한 게 아니라 지금 행복한지입니다.

'5년 뒤에 이렇게 되면 좋겠어'라는 생각만 하면, 5년 뒤에도 다음 5년 뒤의 일만 생각하며 실제로는 아무것도 이루지 못할지도 모릅니다.

그것은 사고 패턴이 미래에 초점을 맞추고 있기 때문입니다. 미래에 초점을 맞춘다는 건 지금을 살고 있지 않다는 뜻이죠. 지금의 행복을 느끼지 못한다면 아무리 시간이 지나도 행복을 꿈꾸기만 할 뿐입니다.

만약 당신이 행복해지고 싶다면 5년 뒤의 행복이 아니라 '지금'의 행복에 초점을 맞추세요.

• 지금, 어떤 기분이 가장 큰가요?

• 지금을 소중히 여기기 위해 무엇을 할 수 있나요?

• 지금을 계속 맛본다면, 어떤 인생이 될 것 같나요?

7장

꿈에 관한 질문

카를 구스타프 융, 알프레드 아들러, 혼다 소이치로,
지그문트 프로이트, 존 F. 케네디,
H. 잭슨 브라운 주니어 , 마크 허드, 파울로 코엘료,
마틴 루터 킹 주니어, 아놀드 파머

Q 61
카를 구스타프 융의 질문

마음이
뭐라고 하는가?

❝ 밖을 보면 꿈을 꾸게 되고
안을 보면 자각하게 된다. **❞**
카를 구스타프 융 · 심리학자·정신과 의사

다른 사람의 생활방식에 영향을 받거나 책이나 영화 등 외부의 자극으로 자신의 희망과 꿈을 발견한 듯한 느낌이 들 때가 있습니다.

하지만 그것은 정말 당신이 원하는 것일까요?

인생에서 가장 소중한 것은 내 마음과 대면하는 겁니다.

마음과 대면하지 않으면 자신이 정말 하고 싶은 일이 무엇인지 모르고 진정한 자신을 자각할 수도 없습니다.

자신과 대면하고 자기 내면에서 만들어내는 비전으로 향해야 합니다.

그러므로 내 마음이 무슨 말을 하는지를 직접 들어보세요.

• 꿈이나 실현하고 싶은 것이 있나요?

• 그것은 누구의 영향인가요?

• 당신이 정말 원하는 것은 무엇인가요?

Q 62
알프레드 아들러의 질문

어떤 미래로
만들고 싶은가?

> 사람은 과거에 묶여 있지 않다.
> 당신이 그리는 미래가 당신을 규정하는 것이다.
> 과거의 원인은 해설은 되어도
> 해결되지는 않는다. **알프레드 아들러 · 심리학자·정신과 의사**

'나는 지금까지 이렇게밖에 살지 못해서 이 정도인 거야'라고 과거에 묶여 버리면 앞으로 할 수 있는 일도 한정되고 맙니다. "무슨 일이든 이루어질 수 있다면 어떤 미래로 만들고 싶은가?"라고 자신에게 묻는다면, 자신이 만들 이상적인 미래도 그릴 수 있습니다.

명확한 미래를 그린다면 그 미래를 향해 행동을 시작할 수 있으므로 이상적인 미래가 실현될 가능성이 커집니다.

미래를 만들기 위해서 꼭 과거를 바라볼 필요는 없습니다.

이상적인 미래를 그리는 비결은 과거나 현재에 얽매이지 않는 장소에서 생각하는 겁니다.

마음 놓고 편안해지는 장소에서 멋진 미래를 상상해 보세요.

• 무엇이든 실현할 수 있다면 무엇을 이루고 싶나요?

• 무엇이든 실현한 나는, 지금의 내게 어떤 메시지를 던질까요?

• 미래를 위해서 내디딜 한 걸음은 무엇일까요?

63
혼다 소이치로의 질문

무엇으로
세계 1위가 될까?

" 일본 최고가 되겠다는 생각은 하지 마라.
세계 최고가 되는 거야. **"**

혼다 소이치로 · 혼다기연공업 창업자

지역에서 최고가 되기보다 이 나라에서 최고가 되자. 이 나라에서 최고가 되기보다 세계에서 최고가 되자. 그렇게 목표를 높게 설정하면 '세계 최초가 되면 어떤 행동을 할까?', '어떤 생각이 필요한가?'라는 의식으로 바뀝니다.

목표를 높이 세우면 의식이 바뀌고 취해야 할 행동이 바뀌고, 나아가 성과가 바뀝니다.

다만 갑자기 '자동차업계 세계 1위가 되겠다'라고 의욕을 불태우면 저항감이 있을지 모릅니다. 그럴 때는 예를 들어, '소형 오토바이로 세계 최고가 되자'처럼 시작해야 할 일의 범위를 좁히면 행동하기 더 쉬워집니다.

목표를 높이 세우고 집중할 곳에 초점을 맞추며 그에 특화해 에너지를 쏟음으로써 지금보다 더 큰 성과를 올릴 수 있을 겁니다.

- 세계 최고가 되면 어떤 풍경이 보일까요?

- 세계 최고인 사람은 어떤 선택을 할까요?

- 어떤 분야의 최고가 되고 싶나요?

64
지그문트 프로이트의 질문

꿈이 주는 메시지는
무엇인가?

" 꿈은 현실의 투영이고 현실은 꿈의 투영이다. "
지그문트 프로이트 · 정신분석학자 · 정신과 의사

꿈은 잠재의식의 표현입니다.

그러므로 꿈에는 메시지와 의미가 담겨 있다고 생각합니다.

아침에 일어났을 때 꿈을 꿨다면, '그 꿈이 보내는 메시지는 무엇일까?'라고 자신에게 질문해 보세요. 지금까지 깨닫지 못했던 것을 발견하게 될 것입니다.

얼마 전 일인데 저는 한 달에 한 번은 꼭 꾸는 꿈이 있었습니다. 어느 날, 그 꿈을 꾸는 의미를 짚어 보자고 생각했습니다. '내 가치를 인정하는 게 필요하다'라는 답을 얻었습니다. 하루 빨리 자신을 인정하려고 노력하면 행동도 서서히 바뀝니다. 그 결과 자신감도 생기고 일도 늘어나 자신의 성장과 이어집니다. 불가사의하게도 이후로는 그 꿈을 꾸지 않게 되었습니다.

꿈은 자기 안에서 생기는 겁니다. 그러므로 꿈은 그때 자신에게 필요한 메시지를 던져줍니다.

- 마음에 남은 꿈은 무엇인가요?

- 그 꿈은 당신에게 어떤 메시지를 주나요?

- 그 메시지를 받아 어떤 행동을 해봤나요?

지금까지 없었던 것은
무엇인가?

" 우리는 지금까지 없었던 것을
꿈꿀 줄 아는 사람이 필요하다. "

존 F. 케네디 · 제35대 미국 대통령

역사를 돌이켜 보면 '물 위를 달리고 싶다'는 생각에서 배가 만들어지고, '하늘을 날고 싶다'는 생각에서 비행기가 생겨났습니다.

당시 '하늘을 날고 싶다'고 생각한 사람은 주변 사람들에게 부정당했을 겁니다. 하지만 그런 꿈을 꾸는 사람이 있기에 그것이 실현되고 전에는 없던 것이 생기는 겁니다.

세상은 항상 '이런 게 있었으면 좋겠네'라고 생각하는 사람을 필요로 합니다.

'지금까지는 없는데, 있으면 좋겠네'라고 여겨지는 것들을 생각해 보세요.

아이디어가 좀처럼 떠오르지 않는다면, 세상에 이미 있으나 지금 내 주위에는 없는 걸 찾아 참고하거나 비즈니스로 시작하는 게 좋을지도 모릅니다. 그런 것이라도 주위 사람을 기쁘게 할 수 있답니다.

- 어떤 게 있으면 편리할까요?

- 내 주변에는 없으나 세상 어딘가에 있는 건 무엇일까요?

- 미래는 어떤 세상이 될 것 같나요?

66
H. 잭슨 브라운 주니어의 질문

다른 사람의 꿈을
비웃지는 않았는가?

" 스스로 꿈이 있는 삶을 그리지 못하는 사람이
다른 이의 꿈을 비웃는다. **"**

H. 잭슨 브라운 주니어 · 실업가

누군가의 꿈을 듣고, "그게 될까!"라며 그 꿈을 비웃어 본 적 있나요?

만약 다른 사람의 꿈을 비웃은 적이 있다면 그때 당신은 꿈을 품은 삶이 아니었을지도 모릅니다. 내게 꿈이 있었다면 꿈이 실현될 가능성이 있음을, 희망을 품는다는 게 얼마나 멋진 일인지도 알았을 테니까요.

그러므로 다른 사람의 꿈을 듣고 비웃음이 나온다면 '내 꿈은 뭐지?'라고 자신에게 질문을 던져 보는 게 좋습니다.

이 질문에는 내가 하고 싶은 일이 무엇인지 명확하게 하는 힘이 있습니다. 이 질문을 통해 당신의 꿈을 발견할 수 있을 겁니다.

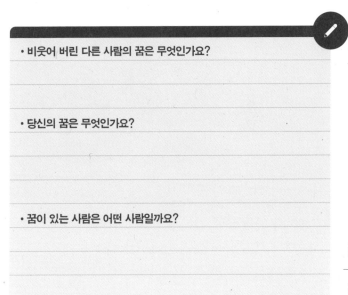

- 비웃어 버린 다른 사람의 꿈은 무엇인가요?

- 당신의 꿈은 무엇인가요?

- 꿈이 있는 사람은 어떤 사람일까요?

67
마크 허드의 질문

다음 목표는
무엇인가?

> 승리를 얻더라도
> 한없이 미와 술에 빠져 있어서는 안 된다.
> 바로 다음 목표로 생각을 바꿔야 한다. **"**
>
> 마크 허드 · HP 전 CEO

하나의 프로젝트가 끝나고 성과가 나왔을 때 당신은 어떻게 하나요?

만약 계속 성공하고 싶다면, 그 성공에 취하지 않고 '다음 목표는 뭐지?'라고 의식을 변화시켜 다음 성공을 불러오세요.

예를 들어, 생각보다 빠르게 목표를 달성했다면 거기서 끝내지 않고 더 큰 목표를 세우는 겁니다.

어려울 건 없습니다. 그 지점에서 다시 목표를 세우기만 하면 됩니다.

그때까지 모든 노력을 했다고 생각해도 '다음 목표를 달성하려면 이제 어떻게 해야 할까?'라고 생각하는 순간, 새로운 게 보일 겁니다.

• 목표를 달성하기 위해 할 수 있는 일이 무엇일까요?

• 지금 목표 앞에 무엇이 있나요?

• 바로 다음 목표로 넘어가기 위해서 무엇을 의식해야 할까요?

68
파울로 코엘료의 질문

진정한 목적은
무엇인가?

사람은 위험이나 실패를 너무 의식하면 진정한 목적을 잃기 쉽습니다.

또한, 오랫동안 안전한 곳에 있으면 그곳에는 이미 성장의 기회가 없는데도 계속 그곳에 머물려고 합니다.

실패하지 않으며 무난한 시간을 보내고 있으면, 자극이 없는 평온한 날들을 지낼 수 있을지도 모릅니다. 일에 어떤 기쁨도 느끼지 못하더라도 안정된 생활을 보낼 수 있다면 '그걸로 충분해'라고 생각할 수도 있죠.

그럴 때는 '내가 무엇을 이루고 싶은가?'라고 생각해 보세요. '왜 이걸 시작했지?'라는 질문에도 대답하며 어떤 인생을 보내고 싶은지, 즉 내 인생의 목적이 무엇인지 고민해 보세요.

'이 정도면 충분해'라는 것보다 '이게 좋아'라는 걸 선택해 보세요.

- 왜 그것을 시작했나요?

- 당신은 무엇을 이루고 싶나요?

- 이 정도면 충분하다고 생각해 버린 게 있다면 무엇이 있나요?

69
마틴 루터 킹 주니어의 질문

꿈이 있는가?

" 오늘도 내일도 어려움이 기다리고 있을지언정
내게는 꿈이 있다. "

마틴 루터 킹 주니어
소설가·목사

꿈이 있으면 역경이 찾아와도 이겨낼 수 있습니다.

꿈이 있으면 이뤄낼 수 있는 게 바뀝니다.

꿈이 있으면 희망이 생기고, 희망이 생기면 사람을 움직일 수 있습니다.

사람은 희망이 있는 곳으로 향하기 때문입니다.

만약 좋은 사회를 만들고 싶다는 커다란 꿈을 품었다면, 그것은 당신만의 희망이 아니라 다른 이들의 희망이기도 합니다. 당신의 그 희망 덕분에 다른 이들도 역경을 이겨낼 수 있게 됩니다.

이렇듯 꿈은 사람을 구원합니다.

만약 '지금은 나만 생각하기도 벅차'라는 생각이 든다면, 그것도 괜찮습니다.

하지만 잊어선 안 될 것은 꿈의 힘을 믿는 겁니다.

• 당신의 꿈은 무엇입니까?

• 왜 그 꿈을 가졌나요?

• 꿈을 이루기 위해 무슨 일을 할 수 있을까요?

어떤 이미지를
떠올리는가?

> **"** 공이 어디로 날아갈지는
> 클럽 헤드가 공을 때리기 직전에 정해진다. **"**
>
> 아놀드 파머 · 프로 골퍼

어떤 일을 시작하기 전부터 그 일은 어떻게 될지 이미 결정되어 있습니다.

무엇을 하든 어떤 셀프 이미지를 가지고 있는지가 매우 중요합니다.

왜냐하면 현실은 이미지대로 흘러가기 때문입니다.

세부적인 것까지 이미지로 떠올릴 수 있다면, 사람은 무의식적으로 그 이미지와 가까워지려고 노력하기 시작합니다. 그 결과 이미지대로 실현될 가능성이 큽니다.

뭔가 행동하기 전에 좋은 이미지를 시뮬레이션해보는 것은 정말 중요합니다.

만약 하고 싶은 일이 분명해지면 잘되고 있는 이미지를 생생히 그려 보세요.

- 어떤 계획을 세우고 있나요?

- 계획을 실현하려면 어떤 준비를 해야 할까요?

- 잘 되어가는 이미지를 떠올리려면 어떻게 해야 할까요?

8장

신념에 관한 질문

필 나이트, 워런 버핏, 손 스티븐슨,
나쓰메 소세키, 막심 고리키, 코넬 샌더스,
사카모토 료마, 빈센트 반 고흐, 헬렌 켈러

각오는
되어 있는가?

“ 식당을 열고 싶으면
주방에서 하루 23시간 일할 각오가 없다면
시작하지 않는 게 낫다. **”**

필 나이트 · 나이키 창업자

일로 꿈을 실현하고 싶은데 '야근은 하고 싶지 않고, 주말에는 반드시 쉬겠다'라는 업무 철학을 중요하게 생각하는 사람이 늘어나고 있습니다.

저도 인생에서 균형은 아주 중요하다고 생각합니다. 그러나 진심으로 일로써 뭔가를 달성하고 싶다면, 처음에는 그야말로 하루 23시간 정도 일할 각오가 필요하지 않을까 생각합니다.

하루에 23시간 일하라는 것이 무조건 장시간 노동을 해야 한다는 말이 아닙니다. 그만큼 꿈을 실현하고 싶다면, 그 정도의 자기 인생을 걸겠다는 각오가 있어야 실현될 수 있다는 뜻입니다.

그런 각오 없이 어떤 일을 시작한다면 어정쩡하게 끝나고 말 겁니다.

시작하기 전에 먼저 자기 각오를 단단하게 다지세요.

• 왜 각오가 필요할까요?

• 어떤 각오를 하고 싶나요?

• 각오한 사람은 어떤 결과가 나올까요?

가치가 있는
일인가?

" 할 가치가 없는 일이라면 잘할 가치도 없다. **"**

워런 버핏 · 투자가·경영자

당신이 이제 시작하려는 일과 지금 하고 있는 일들이 '이 일을 함으로써 내가 얻는 게 무엇인가?'가 명확한가요?

만약 '원하는 걸 얻을 수 없다'라고 느낀다면 그 일은 할 필요가 없습니다. 가치를 느끼지 못한다면 그만두는 게 낫습니다.

사람들은 '다들 하니까', '오랜 습관이라', '내가 안 하면 주위가 곤란해지니까'라는 이유로 정말 하고 싶지 않은데도 의무감이나 타성에 젖어 많은 일을 합니다.

하지만 시간은 한정되어 있습니다. 할 만한 가치가 없는 것은 놔두고, 할 만한 가치가 있는 것에만 집중하세요.

• **당신이 해서 가치가 생기는 일은 무엇인가요?**

• **당신이 하는 일 중 그다지 가치를 느끼지 못하는 일은 무엇인가요?**

• **가치 있는 일에만 집중하려면 어떻게 해야 할까요?**

'하지만'에서
빠져나오는 방법은?

> 부정적인 "하지만…"에서 벗어나는 방법은 무엇일까?
> 그것은 일어서서 확고한 태도를 가지는 것이다.
> 자신의 인생과 건강, 성공, 인간관계에
> 책임을 지는 것이다.

숀 스티븐슨 · 휠체어 치료사

사실은 할 수 있는데 하지 않는 일이 많습니다.

왜냐하면 안 됐을 때의 변명이 떠오르기 때문입니다.

하지만 그렇게 하면 아무리 시간이 흘러도 행동으로 이어지지 않습니다.

자신의 변명에 맞서 거기서 빠져나올 방법을 생각하세요.

제가 세상에 질문을 더 많이 던지려고 했을 때 영어를 못 해서 주저했습니다.

그러나 모든 일을 혼자 하지 않아도 된다는 사실을 깨닫고 '통역이 있으면 해결될 일이다', '그 나라에서 비즈니스 파트너를 찾으면 된다'라는 답을 찾아내 결국 꿈을 실현했습니다.

이 질문을 이용해 변명에서 벗어나 하고 싶은 일을 향해 한 걸음 내디뎌 보세요.

- 최근에 한 변명은 무엇인가요?

- 변명하는 사람과 하지 않는 사람의 차이는 무엇일까요?

- 변명하지 않으려면 어떻게 해야 할까요?

진지하게
임하고 있는가?

" 진지함이란 말이야,
여러분, 진검승부라는 뜻이라네. "

나쓰메 소세키 · 작가 · 영문학자

무슨 일이든 성실하게 하면 된다고 생각하는 사람이 있습니다.

물론 성실함은 중요합니다. 하지만 성과를 내려면 성실함뿐만 아니라 머리와 몸을 이용해 어떻게 진지하게 대하는지가 더 중요합니다.

이를테면 "성실히 일하고 있나요?"라는 질문을 받으면 "네"라고 대답하는 사람이 많죠. 하지만 "진지하게 일하고 있나요?"라고 물으면 어떨까요?

예를 들어, 천 장의 전단을 뿌려야 하는데 역 앞에 서서 묵묵히 전단을 나눠주는 게 '성실하게 나눠준다'라면, 어떻게 전단을 나눠주면 손님이 더 많이 올까를 생각하며 나눠주는 게 '진지하게 나눠준다'라는 겁니다.

성실하게 하는 것만이 아니라 진지하게 임하는 마음이 더해지면 반드시 결과가 바뀝니다. 성실만으로는 얻을 수 없는 소중한 것을 얻을 수 있답니다.

- 진지하게 임하는 일이 있다면 무엇인가요?

- 진지하게 임한다는 것은 무엇일까요?

- 왜 진지하게 임하면 결과가 바뀐다고 생각하나요?

Q 75
막심 고리키의 질문

자신의
어떤 힘을 믿는가?

> **❝** 재능이란 스스로 내 능력을 믿는 것이다. **❞**
> 막심 고리키 · 작가

'이런 걸 할 수 있는 내가 되고 싶어'라는 관점에서 '나의 어떤 힘을 믿고 싶은가?'라는 쪽으로 관심을 돌리는 게 중요합니다.

왜냐하면 내 힘을 믿을 수 있다면 자신감을 가지고 모든 일에 임할 수 있고, 그것을 계속함으로써 힘을 더 발휘할 수 있기 때문입니다.

'내게 힘이 있다니 믿을 수 없어'라고 생각하는 사람은 자기의 장점을 발견하고 자신을 사랑하는 연습부터 해보세요. 자신을 사랑할 수 있을 때 자연스럽게 자신을 믿을 수 있게 됩니다.

자신을 믿을 수 없다면 어떤 힘도 발휘할 수 없답니다. 진정한 재능이란 자신의 힘을 믿는 겁니다.

• 당신에게는 어떤 재능이 있나요?

• 신의 어떤 부분을 사랑하고 싶나요?

• 나를 믿으려면 어떻게 해야 할까요?

나이가
중요한가?

나이가 몇이든 할 수 있는 일은 많다.

코넬 샌더스 · KFC 창업자

'서른 살인데 너무 늦은 게 아닐까', '쉰 살인데 이제 무리지' 등 일정한 나이가 되면 이런 식으로 자신에게 제한을 두는 사람이 있습니다.

예순다섯 살에 무일푼이 된 코넬 샌더스는 유일하게 남아 있던 자신만의 프라이드치킨 레시피를 각지의 레스토랑에 팔기 시작했답니다. 처음 2년 동안은 거절만 당하다가 서서히 받아주는 곳이 늘어나더니, 일흔세 살에 육백 개가 넘는 점포에서 그의 레시피를 채택했습니다.

핵심은 나이나 시기를 변명거리로 삼지 않는 태도 아닐까요?

사십 대의 직원을 구하는 기업에 육십 대로 면접에 응하는 일은 어려울지 모릅니다. 그러나 그 기업이 진짜 원하는 게 무엇인지 생각하고 그 원하는 걸 내가 제공할 수 있다면 어떨까요? 우수한 경영자라면 나이가 많더라도 나를 채용하겠죠.

이렇게 상대가 원하는 본질을 찾아내는 노력을 한다면 길은 당신에게 언제나 열려 있습니다.

- 늦었다고 생각되는 나이는 얼마인가요?

- 나이 탓에 하지 못한 일은 무엇인가요?

- 지금부터 시작하고 싶은 일은 무엇인가요?

77
사카모토 료마의 질문

내가 하는 일에
무슨 문제라도
있는가?

" 세상 사람이 나를 뭐라고 하든 해보라고 해라.
내가 이룰 일은 나만이 안다. "

사카모토 료마 · 일본 에도막부 말기의 지사

사람은 주위 반응이나 의견에 신경 쓰기 마련입니다.

자신이 다른 사람에게 어떻게 평가되는지 궁금하기 때문입니다.

그러나 인생에서 '누구에게 어떻게 평가되는가?'보다 '내가 무엇을 하고 싶은가?' 또는 '내가 무엇을 이루고 싶은가?'가 더 중요하지 않을까요?

나를 평가해야 하는 사람은 타인이 아니라 바로 나 자신입니다.

다른 이의 눈을 신경 쓰며 하는 행동은 대개 잘 풀리지 않습니다. 만약 내 일을 놓고 누가 무슨 말을 하더라도 자신이 진심으로 하고자 하는 일을 하는 게 중요합니다.

다른 사람에게 무슨 말을 듣더라도 자신에게도 타인에게도 이 질문을 해보세요.

- 어떤 사람의 눈을 신경 쓰고 있나요?

- 낮은 평가를 받으면 어떤 문제가 있나요?

- 당신이 해내고 싶은 일은 무엇인가요?

Q 78
빈센트 반 고흐의 질문

받아도 되는 게
무엇일까?

"주기만 하고 받으려 하지 않았다.
얼마나 어리석었던가.
잘못되고 허세에 오만한, 불같은 연애가 아니었나.
그저 상대에게 주기만 해서는 안 된다.
상대에게 받기도 해야 한다." **빈센트 반 고흐 · 화가**

주는 것보다 잘 받는 게 더 중요합니다.

주고받음으로써 비로소 인간관계의 균형이 생깁니다. 이런 순환은 매우 중요합니다.

주는 데만 열심이고 받는 데는 저항감이 있는 사람도 많은 듯합니다.

그것은 '나는 뭘 받는 사람이 아니야', '안 받는 게 더 좋아'라고 생각하기 때문일지 모릅니다.

그럴 때는 받는다는 것은 상대를 인정하는 것이고, 받지 않는다는 것은 상대를 부정하는 것임을 명심하길 바랍니다.

상대의 마음을 받는 일은 아주 중요합니다.

주어진다면 솔직히 받고, 다시 주면 됩니다.

- **받을 때 어떤 기분이 드나요?**

- **주는 사람은 어떤 마음으로 받길 원할까요?**

- **받은 걸 어떻게 사용하고 싶나요?**

79

헬렌 켈러의 질문

내가 누군가에 대해
어떻게 말하고 있는가?

" 타인의 인격에 대해 말할 때
자신의 인격도 드러난다. "

헬렌 켈러 · 사회복지활동가 · 교육가

남을 험담할 때, 그 사람은 곧 자신에 대해 말하고 있는 겁니다.

"그 사람, 이런 면이 영 별로야", "이런 점이 아니야"와 같은 말은 곧 "내가 이런 면이 영 별로야", "나는 이런 점이 아니야"라고 다른 사람에게 말하는 것이나 마찬가지입니다.

왜냐하면 사람은 자신이 의식하는 것만 보고 듣기 때문입니다.

상대의 단점에 의식이 간다면 자신도 그 부분에 문제가 있다는 소립니다. 명령하듯 말하는 상사를 도저히 받아들일 수 없다면, 내 안에서도 같은 요소가 적지 않기 때문입니다.

만약 누군가의 험담이 머릿속에 떠오른다면 '앗, 나는 지금 이게 문제구나'라고 돌아보면 좋을 겁니다. 마찬가지로 '저 사람이 이런 부분은 대단하구나'라는 좋은 인상을 받을 때는 그 좋은 부분이 내게도 있음을 아세요.

- 어떤 험담을 했나요?

- 다른 사람을 보고 자신의 어떤 점을 다시 생각하고 싶나요?

- 주위 사람의 어떤 점이 대단하다고 생각했나요?

9장

결단에 관한 질문

앤드류 카네기, 혼다 소이치로, 마이클 델,
조지 루카스, 석가모니, 에이브러햄 링컨,
괴테, 코코 샤넬, 프랜시스 베이컨, 마크 트웨인

어디에
에너지를 쏟을 것인가?

> **❝** 가장 확실한 방법은
> 모든 에너지를 특정 분야에 쏟는 것이다. **❞**
>
> 앤드류 카네기 · 카네기철강 창업자 · 자선사업가

가지고 있는 에너지를 특정 분야에 쏟을 수 있다면 대부분 성공하겠죠. 그런데 다들 에너지를 분산해서 쓰니까 성공과 멀어지는 것 같습니다.

비즈니스로 여러 일에 관여하고 있을 때 어디에 가장 많은 에너지를 쏟을지는 스스로 알아야 합니다. 그런데 '가능하다면 다른 일도 할 수 있으면 좋겠다. 수입도 늘지 모르고'라고 생각하지 않나요?

그러나 그렇지 않습니다. 에너지를 분산할수록 성공은 멀어집니다.

한 가지로 에너지를 집중하기 위해서는 어떻게 할 것인지를 결정하면 그만입니다. 만약 그렇게 되지 않는다면 직감으로 가장 하고 싶은 일을 정하고 거기에 온 힘을 기울이세요.

틀렸다고 생각되면 다시 시작하면 되니까요.

- 에너지를 쏟을 필요가 없는 일은 무엇인가요?

- 집중하려면 어떻게 해야 할까요?

- 당신의 에너지 원천은 어디인가요?

힘들 때
무엇을 하는가?

66 곤경에 처하라.
곤경에 처하지 않으면 아무것도 할 수 없다.
인간에게 필요한 것은 곤경이다.
절체절명의 위기에 몰렸을 때 나오는 힘이야말로
진짜 힘이다. 99 **혼다 소이치로 · 혼다기연공업 창업자**

곤경에 처했을 때와 아닐 때는 발휘할 수 있는 노력의 양이 완전히 다릅니다. 저도 다음 달 먹고살 돈이 없었을 때가 있었는데, 그때는 정말 필사적으로 다양한 행동을 시도했습니다.

그때 '어렵기는 하지만 어떻게든 되겠지'라는 상황이 아니라 '어떻게든 뭐든 해야 해!' 하며 큰 에너지가 솟아올랐어요. 결국 이전에는 생각하지도 못한 일을 달성할 수 있었죠.

궁지에 몰리면 알게 되는 점은 '내 진짜 능력을 알 수 있다'라는 것과 '해결할 수 없는 문제는 없다'라는 것입니다.

만약 지금 당신이 곤경에 처해 있다면, 지금까지 보지 못한 부분을 볼 수 있는 기회입니다.

- 곤경이란 무엇일까요?

- 당신의 진정한 능력이 발휘된다면, 어떤 일을 할 수 있을까요?

- 절체절명의 위기에 빠진다면 무엇을 할 겁니까?

Q 82
마이클 델의 질문

무엇을
그만둘 것인가?

> '할 것'을 결정하는 건 쉽다.
> '하지 않을 것'을 결정하는 게 어렵다.
>
> 마이클 델 · 델 창업자

'하지 않을 일을 정한다'라는 건 '집중한다'는 겁니다. 바꿔서 말하면 '다른 걸 내려놓겠다'라는 뜻이죠.

그것은 '나는 이것만 해요'라고 선언하고, 오히려 할 수 있는 것의 전문가가 됨으로써 전문성을 길러 고객의 선택을 쉽게 받게 된다는 장점이 있습니다.

저도 예전에는 명함에 '비즈니스 컨설팅을 합니다', '인터넷 홈페이지 제작 프로모션 진행합니다' 등 자신 있는 분야를 열 개 정도 쓰고 다녔습니다.

그러나 그런 여러 홍보 문구로는 고객이 오지 않았습니다. 그래서 다 그만두고 내가 가장 잘하는 한 가지로 좁혔더니 오히려 그것에 마음이 움직인 고객들이 모여들기 시작했습니다.

'할 일'이 아니라 '하지 않는 일'을 정하는 것.

거기에 성공의 힌트가 숨어 있습니다.

• 어떤 전문가가 되고 싶나요?

• 전문성을 높이면 어떤 장점이 있을까요?

• 하지 않아도 되는 일은 무엇인가요?

Q 83
조지 루카스의 질문

재능을 찾으려면
무엇을 해야 하는가?

> 누구나 재능을 가지고 태어난다.
> 문제는 재능을 발견할 때까지 행동하느냐다. **"**

조지 루카스 · 영화감독 · 영화 프로듀서

재능이란 처음부터 뛰어나거나 잠재되어 있다고 생각하는 사람들이 많은 듯합니다. 그러나 재능은 각자 좋아하는 것 또는 잘하는 것 안에 숨어 있습니다. 그러므로 재능이 없다고 생각하는 사람은 그것을 발견하지 못했을 뿐입니다.

재능을 발견하는 데는 시간이 걸리기 때문에 많은 사람이 재능을 찾지 못하고, 그 재능을 가지고 행동으로 옮기지 못하는 게 현상일지 모르겠습니다.

여기서는 '내게 재능이 있다'라는 전제로 행동해 보죠.

관심 있는 분야나 이전부터 잘했던 일에 도전해 보거나 '내게 어떤 가치가 있을까?'라는 질문을 던져 재능을 찾아보는 겁니다. 이 과정을 부디 중요하게 생각해주세요.

- 당신에게는 어떤 가치가 있을까요?

- 당신의 재능을 발견해주는 친구는 누구인가요?

- 당신에게는 어떤 재능이 있나요?

Q 84
석가모니의 질문

나의
어리석은 부분은?

" '나는 어리석다'라고 인정하는 사람이야말로
현명한 사람이다.
반대로 '나는 현명하다'라고 생각하는 사람이야말로
어리석은 사람이다. **"**

석가모니 · 불교 시조

사람은 '성장하고 싶다' 또는 '장점을 늘리고 싶다'라고 생각하기 마련입니다. 그 때문에 목표를 달성하거나 다른 사람에게 높은 평가를 받으면 자랑하고 싶어지죠.

그러나 인간은 완전하지 않습니다. 그런 자신에 오만하지 않고 자신에게는 언제나 부족한 부분이 있음을 아는 사람이 오히려 계속 성장합니다.

'내 회사는 대단해'라고 자만하는 사장이 있는 회사는 대부분 몇 년 뒤에 위기에 처합니다. 아무리 실적이 좋아도 실적은 실적으로 받아들이고, '내 회사가 더 성장하기 위해서는 무엇이 필요한가?'라는 의식을 계속 가져야 합니다. 그런 회사만이 살아남지 않을까요.

상이나 칭찬에 집착해 그것만 계속 추구하는 것은 어리석은 일입니다. 만족하기보다 전진하세요.

- 당신이 할 수 있는 일은 어디 있나요?

- 당신이 할 수 없는 일은 무엇인가요?

- 더 성장할 부분이 있다면 무엇인가요?

무엇을
결단할 것인가?

> **만약 당신이 정말 되고 싶은 걸 결정했다면
> 이미 성공한 것이나 다름없다.**
> 에이브러햄 링컨 · 제16대 미국 대통령

어떤 일을 하겠다고 결단한 사람은 성공한 것이나 다름없다고 생각합니다.

그만큼 결단에는 각오와 용기가 필요하기 때문입니다.

만약 뭔가를 결정할 때 '어떻게 해야 할지 모르겠어'라고 생각하는 사람이 있다면, 아직 결단을 내리지 못한 거겠죠? 구체적인 행동으로 옮기지 못한다면 결정하지 못했다는 증거입니다.

당신이 만약 진심으로 결단하고 싶다면, 쓸데없는 일을 모두 중단하세요.

'이것도 하자, 저것도 하자'라는 식의 태도로는 아무리 시간이 흘러도 무엇 하나 이룰 수 없습니다.

무슨 일이 있더라도 이 일을 해야겠다고 정했다면 행동은 자연스럽게 그것을 향합니다.

• 진심으로 임하려면 어떻게 행동해야 할까요?

• 모든 게 당신 책임이라면 어떤 일을 할 수 있을까요?

• 서로 진심으로 임하면 어떤 일을 실현할 수 있을까요?

그것에 얼만큼
진심인가?

" 나 혼자 돌을 들어 올릴 생각이 없다면
둘이 들어도 들어 올리지 못한다. "
괴테 · 시인 · 극작가 · 자연과학자

두 사람이 함께 돌을 들어 올리려고 합니다. 그러면 각자 '둘이니까 나는 반만 힘을 주면 되겠다'라고 생각할 겁니다.

만약 둘이 같은 생각을 했다면 둘이라도 한 사람의 힘이 되니까 돌을 들어 올릴 수 없습니다. 결국은 둘이어도 한 사람의 가치밖에 안 된다는 소리죠.

두 사람이 저마다 혼자 들어 올린다는 생각으로 힘을 줘야 비로소 두 사람 이상의 힘을 발휘할 수 있습니다. 저도 누군가와 함께 일할 때 모든 책임을 제가 지려고 합니다. 예를 들어, 둘이 백 명을 모아놓고 강연회를 하려는데 "서로 오십 명씩 모으자"라고 했다면 이미 잘될 턱이 없습니다.

인간관계에서도, 비즈니스에서도 저마다 각자가 책임을 지려는 진심으로 임하는 게 얼마나 중요한지 늘 명심하세요.

- **진심으로 임하려면 어떻게 행동해야 할까요?**

- **모든 게 당신 책임이라면 어떤 일을 할 수 있을까요?**

- **서로 진심으로 임하면 어떤 일을 실현할 수 있을까요?**

돈을
어떻게 쓸 것인가?

> 돈을 버는 것에 열중할 게 아니라
> 쓰는 것에 열중해야 한다.
>
> 코코 샤넬 · 패션 디자이너

대다수는 '어떻게 하면 수입을 늘릴까?', '어떻게 하면 매출을 올릴까?'라는 생각에만 열중합니다.

그러나 그보다 '어떻게 쓸 것인가?'라는 생각이 더 중요합니다.

왜냐하면 돈을 아름답게 쓰는 사람은 사람들의 응원을 받기 때문입니다.

사회 공헌에 돈을 쓰는 사람을 보면, 그 사람을 응원하고 싶은 마음이 싹틉니다. 자신을 위해 돈을 쓰는 것도 좋지만, 그 밖에도 '어떻게 돈을 써야 다른 사람을 위할 수 있을까?' 또는 '이렇게 돈을 쓰면 세상에 어떤 영향이 있을까?'라고 의식하며 돈을 써 보세요. 그 돈의 가치보다 더 큰 가치를 낳을 수 있습니다.

- 어디에 돈을 쓰고 싶나요?

- 다른 사람을 위해서 어떻게 돈을 쓸 수 있을까요?

- 세상을 위해서 어떻게 돈을 쓸 수 있을까요?

Q 88
프랜시스 베이컨의 질문

어떤 길을
선택할 것인가?

❝ 인생은 도로와 같다.
가장 빠른 길은 보통 가장 나쁜 길이다. **❞**

프랜시스 베이컨 · 철학자

인생에서 목적지로 향해 갈 때 정말 많은 길이 눈앞에 놓여 있습니다. 그때 사람들은 포장도로나 지름길을 선택하기 마련입니다.

그런 길을 걸어가면 그리 고생하지 않고 목적지까지 잘 도착할 수 있을지도 모릅니다. 하지만 저는 그 길을 권하고 싶지 않습니다.

고생하지 않아도 갈 수 있는 길은 성장하기 어렵기 때문입니다.

성장하지 않으면 새로운 무언가를 달성할 수 없습니다. 결과적으로 가장 멀리 돌아서 목적지로 향해 가는 셈입니다.

누구나 고생길을 만나기 마련입니다. 하지만 사람은 어려움을 겪어야 얻을 수 있는 게 많습니다.

굴곡진 길을 자기 힘으로 걸어가다 보면 틀림없이 나만의 힘이 생깁니다. 그것은 강력한 무기가 되어 목적지로 당신을 이끌 겁니다.

• 지금까지 어떤 길을 걸어왔나요?

• 어떤 길에서 가장 성장했나요?

• 어떤 길이 가장 새로운 길인가요?

Q 89
마크 트웨인의 질문

후회하는 일이
있는가?

❝ 이미 한 일은 설령 실패했더라도
20년 뒤에는 웃으면서 말할 수 있다.
하지 않은 일은 20년 뒤에도 후회뿐이다. **❞**

마크 트웨인 · 작가

어떤 일에 실패하면 그때는 그 일을 한 것에 대해 후회하지만, 시간이 흐르면 웃으며 이야기하게 됩니다. 그러나 아예 하지 않은 일은 '그때 했었으면 좋았을 텐데' 또는 '했으면 어땠을까?'라는 소용없는 후회로 남습니다.

가장 큰 후회는 아무것도 하지 않은 겁니다.

실패하면 고통스럽습니다. 어쩌면 우리는 그 고통을 느끼는 게 두려울지도 모릅니다. 하지만 고통은 언젠가는 잊혀지게 마련입니다.

그보다 '하지 못했다'라는 후회의 고통이 몇 배 더 큽니다. 그리고 그것은 영원히 돌이킬 수 없죠.

같은 고통을 느끼게 된다면 하지 않고 후회하기보다 지금 해보는 편이 좋지 않을까요? 나중에 웃을 수 있다면, 이게 훨씬 나을 겁니다.

- 지금까지 가장 후회되는 일은 무엇인가요?

- 옛날 일 중 지금 당신이 웃으면서 얘기하는 게 있다면 무엇인가요?

- 후회 없는 인생을 보내려면 어떻게 해야 할까요?

10장

행동에 관한 질문

오그 만디노, 바뤼흐 스피노자, 루트비히 판 베토벤,
아리스토텔레스 오나시스, 공자, 나폴레온 힐,
레이 크록, 조지 무어, 윌리엄 제임스

오그 만디노의 질문

어떤 습관을
가질 것인가?

" 실패한 사람과 성공한 사람의 유일한 차이점은
습관의 차이에 있다. "

오그 만디노 · 작가·강연가

실패한 사람과 성공한 사람의 차이점은 '어떻게 생각하고 어떻게 행동하는가?'에 달려 있습니다. 간단히 말하면 '습관'의 차이죠. 당신 주위에 있는 성공한 사람과 성공하지 못한 사람 사이에는 어떤 습관의 차이가 있나요? 그 차이를 알고 좋은 습관을 받아들여 보세요.

만약 주위에 성공한 사람이 없다면, 일단 자신이 이상적이라고 생각하는 성공한 사람의 습관을 알 필요가 있습니다.

성공이란 개념은 사람마다 다릅니다. 높은 연봉, 사회 공헌, 행복한 가족 등 내가 생각하는 성공한 사람이란 누구인지를 명확히 하고, 그 사람들의 책을 읽거나 그들이 모이는 장소를 찾아가는 등 성공한 사람의 습관을 알려고 행동하는 게 중요합니다. 좋은 습관이란 원하는 정보를 알고, 그것을 내 것으로 만드는 거죠.

- 잘 나가는 사람이 하는 행동은 무엇일까요?

- 성공한 사람의 공통점은 무엇인가요?

- 습관화하기 위해 무엇을 실천해야 할까요?

하고 싶지 않은 일이
있는가?

❝ 할 수 없다고 생각되는 대부분의 일은
할 수 없는 게 아니라 하고 싶지 않은 일이다. ❞

바뤼흐 스피노자 · 신학자 · 철학자

좀처럼 꿈을 향해 나아가지 못하는 사람에게 "하고 싶은 거야? 그렇지 않은 거야?"라고 물으면 대부분이 "하고 싶어. 하지만 할 수 있을까?"라고 대답합니다.

그러면 다시 "정말 하고 싶어?"라고 물으면 "… 그렇게 하고 싶은 건 아닌가 봐"라는 답이 돌아오기도 하죠.

꿈은 '할 수 있다, 할 수 없다'가 아니라 '하고 싶은가, 아닌가' 인지가 중요합니다. '하고 싶다'라고 생각하면 실력 이상의 힘을 발휘할 수 있어서 행동에 나서지 못할 일이 거의 없습니다. 그러나 '할 수 없다'라고 생각하는 일 대부분은 실은 하고 싶지 않은 일입니다.

만약 '할 수 없다'라는 생각이 들면 할 수 없는 이유를 이리저리 찾을 게 아니라 '하고 싶지 않구나'라고 인정하는 게 최상책입니다.

• 하고 싶지 않은 일이 있나요?

• 왜 하고 싶지 않나요?

• 왜 그 일을 하고 싶나요?

규칙에
얽매이지 않고
무엇을 할 것인가?

" 규칙을 위반하는 게 왜 나쁘지?
누군가가 그 규칙을 만들었을 뿐이다. "

루트비히 판 베토벤 · 작곡가

사회에는 규칙이 있고 그 규칙만 따르면 큰 문제 없이 살 수 있습니다. 그러나 그 제한 안에 있는 한 큰 개혁도, 변화도 일어나지 않습니다.

왜냐하면 규칙을 따른다는 말은 창조적인 능력을 활용하지 않고 생각할 필요도 없다는 것이니까요.

규칙이란 어차피 누군가가 만든 룰입니다.

사람이 행복해지려면 때로는 그 제한을 넘어 생각할 필요가 있습니다.

제한이 전혀 없는 가운데서 뭘 할 수 있을지 생각할 때 비로소 개혁이 일어나고 지금까지 없었던 무언가가 생깁니다.

다만 이는 '규칙을 어겨도 좋다'라는 말은 아닙니다. '제한을 넘어 무엇을 할 수 있을까?'를 생각해 보자는 말입니다.

• 어떤 규칙을 깨고 싶나요?

• 왜 깨고 싶나요?

• 규칙을 깨고 무엇을 실현하고 싶나요?

Q 93
아리스토텔레스 오나시스의 질문

어디에
나를 둘 것인가?

**다락방이어도 좋으니까
정보가 모이는 곳에 살아라.**

아리스토텔레스 오나시스 · 실업가 · 선박왕

사는 곳은 인생에 큰 영향을 줍니다.

사람들은 어디서 살고 있는지로 상대를 판단하기도 합니다. 이를테면, 지방에서 온 컨설턴트와 대도시에 사무실을 차린 컨설턴트가 있다면, 고객이 원하는 요소도 달라지겠죠.

또 하나는 장소가 주는 에너지의 차이입니다. 사람이 모이는 곳에는 에너지가 높고, 만나는 사람도 다양하고, 얻는 정보도 달라집니다.

그런 인기 있는 곳은 집세도 비싸겠지요. 빚을 내면서까지 살 필요는 없습니다만 옥탑방이라도 좋습니다. 처음에는 허세여도 괜찮습니다. 그러나 얻는 게 크게 달라질 겁니다.

여기서 핵심은 '사는 지역을 의식한다'라는 것과 '내가 열심히 노력할 수 있는 범위 내에서 산다'라는 점입니다.

• 당신의 에너지가 높아지는 곳은 어디인가요?

• 그곳에 있는 사람들은 어떤 사람들인가요?

• 그곳에 있으려면 무엇을 해야 할까요?

94
공자의 질문

지금,
당신의 귀에
따가운 말은?

" 좋은 약은 입에는 쓰나 몸에 좋고,
충언은 귀에 거슬리나 삶에는 좋다. **"**

(좋은 약은 쓰고 먹기 어려우나 효과가 좋다.
좋은 충고는 듣기에는 힘들지만 반성하고 고치면 나를 위한 일이 된다.)

공자 · 사상가

보통 쓴 약이 몸에 좋다고 합니다.

충고도 마찬가지여서 뼈아픈 말을 들으면 상처를 입거나 반발할 수도 있습니다. 하지만 그것은 내심 찔리는 마음이 있기 때문입니다. 그 말들을 솔직히 받아들이고 행동으로 옮기면 틀림없이 자신을 위하는 길이 될 겁니다.

충고가 쓴 이유는 자신도 안 되고 있음을 알기 때문입니다. 그래서 그 부분을 인정하고 싶지 않은 마음도 있겠죠.

그러나 그래서는 성장할 수 없습니다.

병도 그렇듯 그대로 두면 손 쓸 기회를 놓칠 뿐입니다. 충고를 들을 때가 가장 좋은 때임을 생각하고 개선해 보면 어떨까요.

• 누가 당신에게 충고해주나요?

• 어떤 충고를 받았나요?

• 충고를 듣고 어떻게 행동하고 싶나요?

미루고 있지는
않은가?

> 당신이 실패하는 이유는
> 하루를 미루는 습관 때문이다.
>
> **나폴레온 힐 · 작가**

오늘 결정하는 것과 하루 더 생각하고 결정하는 것. 이 둘의 결과는 그리 다르지 않을 때가 많습니다.

혹시 직감으로 선택한 것과 시간을 들여 생각한 것의 답이 다르지 않다면, 그 자리에서 결단하고 할 수 있는 일을 하는 게 최고가 아닐까요?

바로 결정할 수 있는 일을 미루면 결단이 늦어져 선택지가 줄어들어서 결국 실패 확률만 높아집니다.

성공한 사람은 결단과 행동이 빠르다고들 하는데, 그것은 시간 자체에 가치가 있음을 알기 때문입니다.

결단을 늦출 명확한 이유가 있지 않다면, 최대한 빨리 결단하고 실행하세요.

• 지금 미루고 있는 일이 있다면 무엇인가요?

• 미뤄서 잃는 건 무엇일까요?

• 일단 무엇부터 시작해야 할까요?

무엇을
개척할 것인가?

❝ 우리가 진보하기 위해서는 개인도 팀도
개척 정신을 가지고 나아갈 수밖에 없다.
기업 시스템 안에 있는 리스크를 감당해야 한다.
이것이 경제적 자유의 유일한 길이다.
다른 길은 없다. **❞** 레이 크록 · 실업가 · 맥도날드 창업자

기존의 방식만 고집하면 성장할 수 없습니다.

항상 시대를 읽고 '무엇을 개척할 것인가?'라는 의식을 가지고 자신의 길을 나아가야 하죠.

물론 거기에는 위험 부담도 따르는데, 그 위험 부담을 넘어서 개척하는 게 꼭 필요합니다.

사실 궁극의 리스크란 '아무것도 하지 않는 것'이랍니다.

세상의 환경은 점점 바뀌는데 자신이 변하지 않으면, 그 흐름에 따라갈 수 없기 때문입니다.

'새로 이걸 해보자', '이걸 개선해 보자'라며 새로운 것을 개척하는 데 집중해 항상 앞으로 나아가세요.

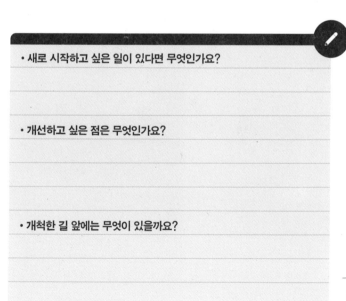

- 새로 시작하고 싶은 일이 있다면 무엇인가요?

- 개선하고 싶은 점은 무엇인가요?

- 개척한 길 앞에는 무엇이 있을까요?

97
조지 무어의 질문

무엇을
배우고 싶은가?

❝ 위인은 배우고 싶은 것을 배우고,
평범한 사람은 남들이 배우는 것을 배운다. **❞**

조지 무어 · 작가

다른 사람이 배워서 자신도 배우고 있다는 말을 자주 듣습니다.

그러나 그 사람에게 정말 필요한 배움이란 '나는 어떻게 되고 싶은가?', '뭘 하고 싶은가?'라는 자신의 본질을 추구하는 일입니다. 그 답은 내 안에만 있으므로 꼭 그것을 찾아 배움을 얻도록 하세요.

자신에게 필요한 배움이 뭔지 모를 때는 유행을 선택하는 것도 좋습니다. 그것은 자신의 성장을 촉진하기 위해서가 아니라 배우고 싶은 걸 찾기 위해서입니다.

일단 배워 보고 '이건 아니네' 혹은 '이걸 더 깊이 추구해 봐야겠다'라며 자신이 진짜 배우고 싶은 것을 찾는 데 초점을 맞춰 보세요.

그 사람에게 필요한 걸 배우는 것이야말로 사람을 성장시킵니다.

이는 비즈니스에도 똑같이 적용되는 이야기랍니다.

- 당신이 배우지 않아도 되는 게 뭘까요?

- 배워서 뭘 하고 싶나요?

- 왜 그걸 배우고 싶나요?

Q 98
윌리엄 제임스의 질문

어떤 모습을
연기하고 싶은가?

" 어떤 기분이 되는 가장 좋은 방법은
이미 그 기분이 된 것처럼 행동하는 것이다. "

윌리엄 제임스 · 철학자·심리학자

부정적인 감정에 끌려 다니고 싶지 않을 때는 표정과 언어 표현 등을 의식하며 좋은 기분인 것처럼 행동하면 즐거운 마음 상태로 바꿀 수 있습니다.

이는 어떤 감정에도 유효한 방법입니다.

사실은 울고 싶을 만큼 힘들어도, 오히려 행복한 듯 행동하면 마음과 몸은 이어져 있으니 마음도 행복한 상태가 됩니다.

예를 들어, 성공한 사람의 심정을 알고 싶다면 이미 성공한 사람을 찾아서 그 사람처럼 행동해 보는 것도 좋겠죠.

이상적인 사람의 모습을 흉내내어 연기함으로써 새로운 발견이 있을지도 모릅니다.

• 어떤 사람을 연기하고 싶나요?

• 연기할 때의 마음가짐은 어떤가요?

• 언제부터 연기해 볼까요?

운명을 바꾸는 현인들의 인생 질문

누구의 인생을 살고 있는가

초판 1쇄 인쇄 2024년 2월 28일　|　초판 1쇄 발행 2024년 3월 18일

지은이 마쓰다 미히로
옮긴이 민경욱

펴낸이 신수경
책임편집 신수경
디자인 봄에
마케팅 용상철　|　제작 도담프린팅
펴낸곳 드림셀러
출판등록 2021년 6월 2일(제2021-000048호)
주소 서울 관악구 남부순환로 1808, 615호 (우편번호 08787)
전화 02-878-6661　|　팩스 0303-3444-6665
이메일 dreamseller73@naver.com　|　인스타그램 dreamseller_book
블로그 blog.naver.com/dreamseller73

ISBN 979-11-92788-20-3 (03190)

※ 드림셀러는 여러분에게 빛이 되는 책을 만들겠습니다.
　드림셀러는 여러분의 원고 투고와 책에 대한 아이디어를 기다립니다.
　주저하지 마시고 언제든지 이메일(dreamseller73@naver.com)로 보내주세요.